孟子

浩然正氣與成功人生

傅佩榮 著

目錄

主題三：培養浩然之氣

主題四：人格修養六境　177

自序

值得做的事很多，但我一生做不了幾件，值得念的書很多，但我一生念不了幾本。因此，面對自己短暫的一生，人首先要學會的就是「給一個說法」：我做這幾件事，我念這幾本書，以及我選擇如何如何，都需要一個合理的解釋。

這無異於探討一個大問題：人生有什麼意義？因為「意義」不是別的，而是「理解之可能性」。我過這樣的生活，以這種方式與人來往，這一切作為是「可以理解的」嗎？如果說不出所以然，也就是沒有一個說法，那麼，我的人生就談不上什麼意義，只是人云亦云，隨俗浮沉，十六個字就講完了：「生老病死，喜怒哀樂，恩怨情仇，悲歡離合。」其他的大道理都只是風聲吹過而已。

面對如此處境，似乎只有一條出路，就是「愛好及追求智慧」，而這句話恰好是古希臘時代對「哲學」一詞的原始定義。不過，我在此不是要介紹西方哲學，我要推薦的是與我們一樣使用中文的，中國古人的哲學。雖說是古人，但一點也不老舊；他們使用古文，卻依然照亮了今日世界。蘇格拉底有一個年輕朋友，這個朋友借酒裝瘋，說出他對蘇格拉底又愛又恨的心情：「他使我覺悟生命不該因循苟且，忽略自己靈魂的種種需要，迷失在政治往還的生涯中。我起初無法接受，掩耳疾走，背他而去。他是唯一使我覺得自己可恥的人。我曾多次暗咒他早早死了才好，但我又知果真如此，則我的哀傷將遠遠蓋過我的欣喜。」

「掩耳疾走，背他而去。」我好像也曾有過這樣的念頭，但針對的「他」是誰呢？不是別人，就是我在這兒要向大家介紹的「孔子、孟子、老子、莊子」。他們並稱為「中國四哲」，但我年輕時，只覺得他們難以親近，也不易理解。孔子說話精簡扼要，如念格言金句；孟子倡言仁政理想，結果落個好辯之名；老子看似很有見地，內容卻是恍惚難解；莊子寓言常有巧思，讓人感嘆浮生若夢。我曾想過，如果沒有這四哲，我們求學時會不會輕鬆一點？傳統的包袱會不會減少一點？

現在我明白了。如果沒有他們，我的哀傷將遠遠勝過欣喜，甚至這一生只剩下十個字：重複而乏味，茫然過日子。讀懂他們的文字，領悟他們的思想，實踐他們的教導，品味他們的智慧，然後這才發現自己身為中國人，並且能夠從小使用中文，是一件無比幸福的事。

他們身處危機時代，虛無主義的威脅有如張牙舞爪的惡魔。孔子與孟子代表儒家，主張「由真誠引發內心行善的力量」，使價值的基礎安立於人性中，如此可化解價值上的虛無主義。老子與莊子代表道家，主張「凡存在之物皆有其來源與歸宿」，那即是作為究竟真實的道，如此可消除存在上的虛無主義。前者重視「真誠」，後者肯定「真實」，殊途同歸但皆使人的生命展現明確意義，有如麗日當空，光明普照，而人生的喜悅與快樂也有如空氣般自然遍存。

我歸納儒家思想為四字訣：對自己要約，對別人要恕，對物質要儉，對神明要敬。至於道家，也有另一套四字訣：與自己要安，與別人要化，與自然要樂，與大道要遊。這簡單的八字心得，可以在這四本書中找到詳細的說明。

「孔孟老莊」四哲，每一位都是千年難遇的良師與益友。我研究中西哲學四十餘年，最大的收穫就是學習並了解這四哲的思想。我出版有關他們思想的書籍與有聲書很多，現在這一套書原是一系列四十八講的課程，整理成文字稿再經修訂而成，所以內容淺顯易懂，文字輕鬆可讀，結構完整周延，論述一氣呵成。不限時空，隨手翻閱，壓力不大，心得甚深。談到「哲普」作品，目的不正是如此嗎？

有關「孔孟老莊」四哲的原典與譯文，請參考我在天下文化出版的《人能弘道》、《人性向善》、《究竟真實》、《逍遙之樂》。每次出新書，我都憂喜參半。喜的是心得可以與人共享，憂的是我還可以做得更好啊！

主題一：好辯自有理由

第一講：充實基本學識

孟子是儒家的重要代表，儒家思想表現在外的特色是：肯定傳統、重視教育，以及關懷社會。傳統指向過去，教育針對未來，社會則是現在的，儒家對於人的世界都以正面態度來看待。孔子之後，他的學生分為八派，各立門戶，能分而不能合，他們能當老師，也能做官；但是談到哲學，儒家系統卻很少有什麼發揮。直到一百七十多年後的孟子，才將孔子的思想溫故知新，提出一系列創見。

「孟母三遷」是我們耳熟能詳的故事。孟母認為，如果住在市集旁，小孩會跟著學做生意，滿腦子想要賺錢；住在墳墓邊，小孩跟著去祭祀、拜拜，看起來也不合適；最後搬到了學堂邊，年幼的孟子也喜歡念書了。這說明人很容易受環境的影響。孟子後來談到人的問題，也特別重視環境對人的影響。這是一個有趣的例子，但卻沒有明確的證據。

《三字經》裡提到「子不學，斷機杼」，講的是有一天孟子在念書，念著念著便停下來，在一旁織布的母親見狀，就用刀把她織的布剪斷，孟子嚇了一跳，問母親為什麼這麼做？母親說：「你念書停下來，我就把布剪斷。」孟子學問很好，大概也是因為母親的鼓勵，或說勉勵有加吧。

孟子成長之後，還有一個小故事。有一次他想休妻，古代做妻子的比較沒有保障，丈夫有各種理由休妻。孟母問他：「你為什麼這麼做？」他說：「因為我回到家時，看見妻子坐在地上。」古代人或蹲或跪，不能坐著，因坐著不雅。孟母問他：「你要進門時，有沒有先揚其聲？」「揚其聲」指故意說話大聲一點，至少是咳嗽一下，讓別人知道你要進來了。孟子說：「沒有。」孟母說：「那是你先不對，你進門沒有依禮而行。」於是孟子打消了這個想法。這些哲學家的軼事，有趣但未必可靠。

精通古典資料：詩、書、易

孟子是子思的再傳弟子，子思是孔子的孫子。如果以孔子為儒家第一代，那麼孟子就是第五代了。孟子學習儒家的《詩》、《書》、《禮》、《樂》、《易》，同時也專心學習孔子思想。從孔子的弟子開始，介紹及發揚他的學說，所以司馬遷的《史記》有《孟子荀卿列傳》，他們都自稱是孔子的繼承者，但兩人立場針鋒相對：孟子說性善，荀子說性惡。

孟子說「性」，強調人的心有四端，端代表開端、萌芽，它是一種力量，在實現之後造成善的結果。那麼為什麼有人做壞事呢？他認為，照正常情況來說，人會做好事，如果外在力量太大，社會上形成一種風氣，稱作「勢」，就像水往下流，如果用手潑，外在力量反而能改變水的方向。有關人性的討論，我們還會深入分析。孟子認為人性向善，是因為他從人內心基本的開端來界定人性。

荀子說性惡，因為他認為人類的本能與欲望表現出來的結果是惡的。人爭權奪利、互相傷害，這顯然是惡。如果沒有老師、禮儀或法律，人就會做壞事。荀子說惡，是從行為的結果來說。這樣分析之後，孟子、荀子所說的「性」字意義不同，他們之間的衝突也未必是針鋒相對的。他們同樣都接受儒家的三個原則：肯定傳統、重視教育、關懷社會，因此司馬遷把他們放在一起介紹。

司馬遷用「道既通」一語來描述孟子，人活在世界上，能夠做到這一步，就不虛此生了。「道」是人生的正路，對於人生該怎麼走、這一生該怎麼過，都想通了。念書念到最後覺悟了，一悟百悟，對現實情況都能提出個人看法，融會貫通，形成一個系統。孟子肯定也是過了五十歲以後才道既通。當時讀書人最好的出路就是做官，目的是要用自己的學識來幫助國君推行良政、照顧百姓，所以孟子去見了齊宣王、梁惠王。

《孟子》總共七篇，每一篇分上下，第一篇是〈梁惠王〉。梁國是戰國時代的魏國（韓趙魏三家分晉的魏國），遷都大梁後又稱梁國，所以梁惠王就是魏惠王。孟子見梁惠王，王曰：「叟，不遠千里而來，亦將有以利吾國乎？」

老先生，你不遠千里而來，對我們國家有什麼好處呢？叟就是老先生，說明孟子見梁惠王時，年紀應該是中年以後了。司馬遷說他讀《孟子》，看到梁惠王這麼問孟子，就廢書而嘆。

其實梁惠王會這麼說，與當時的時代背景有關。戰國中期有二十二個國家，我們熟知的是戰國七雄：韓、趙、魏三分春秋時代強大的晉國，東邊偏北是齊國與燕國，南方是楚國，西方是秦國。二十二國裡也包括孟子的祖國鄒國，鄒國的宗主國魯國，還有宋國、滕國、薛國、越國等。當時各國為了競爭，用了很多戰略高手，譬如秦國有商鞅，趙國有廉頗與藺相如，燕國有樂毅，齊國有田單。各國都在設法合縱連橫，聯合對付某一國，或者維持短暫的和平。

孟子倡導儒家的學說與仁政的理想，聽起來很有道理，但不容易做到。國君應該勤政愛民，但是當時的國君只想錦衣玉食、作威作福。孟子與國君見面時，就需要不斷地討論、辯論。許多人批評孟子喜歡辯論，孟子聽了之後，說：「予豈好辯哉？予不得已也。」（《孟子・滕文公下》）意思是我怎麼會喜歡辯論，我是不得已的。他的想法是，天下這麼亂，照現在的情況發展下去，結果將不堪設想。

梁惠王的兒子梁襄王剛繼位時，見了孟子就問：「天下怎麼樣才能安定？」一個年輕領袖才即位就希望安定天下。孟子說：「統一就能安定。」這話現在聽來有點意思。梁襄王又問：「誰可以統一？」孟子說：「不喜歡殺人的人可以統一。」（《孟子・梁惠王上》）若身處現代社會，殺人立刻坐牢，但以往的國君卻可以隨便殺人，所以孟子說，不喜歡殺人就可以統一。孟子對梁襄王印象不好，說他「望之不似人君」，看起來不像一個領袖的樣子，站沒有站相、坐沒有坐相，也不知道自省，見面就問如何安定天下。這就是孟子當時會見國君時生動的畫面。

孟子常常要與這些國君討論、辯論，所以他必須有充實的學識。他的學問來源主要是《詩經》與《書經》，《孟子》書中使用《詩經》、《書經》的地方很多，通常是國君問一句話，孟子答一段話；國君問兩句話，孟子答好幾段。孟子大概覺得國君不太念書，所以至少要讓他們知道古人是怎麼說的。他熟背《詩經》與《書經》，談話時引經據典，很有分量。如果連《詩經》與《書經》都不聽，那該聽誰的？別人雖然辯不過他，但也不得不承認他言之有理。

孟子表現最精采的地方，就是他與齊宣王的會面。齊宣王同孟子談了幾次以後，發現孟子確實有學問也有見解，於是向他坦誠自己的毛病，他說：「寡人有疾。」（《孟子・梁惠王下》）什麼病呢？「好色、好勇、好貨」。這三種病即孔子所說的：「君子有三戒，少之時，血氣未定，戒之在色；及其壯也，血氣方剛，戒之在鬥；及其老也，血氣既衰，戒之在得。」（《論語・季氏》）孔子把人的毛病分為三個階段，事實上很多人同時具備這三種毛病，齊宣王就是個例子。

國君承認自己有三個毛病，你該怎麼回應？如果講得不好，他會惱羞成怒。孟子只簡單地說：「你好色嗎？」他馬上唸一首《詩經》的內容：「古公亶父，來朝走馬，率西水滸，至於岐下，爰及姜女，聿來胥宇。」周朝祖先古公亶父好色，他清早起來就騎馬到河邊去（《水滸傳》一名就來自於「率西水滸」），認識一位姜姓女子（姜太公之後），於是跟她約會，最後結婚了。所以好色能讓天下女子都有歸宿、男子都有伴侶，滿足天下人好色的願望，可以組成家庭，社會永續發展，這是自然的願望。國君如果好色，疼愛自己的王妃，並能推廣及於天下百姓，讓百姓也能疼愛自己所愛的人，那麼國君行仁德之政何難之有？

第二，好勇，想要稱霸天下。好勇有兩種。如果在路上被人瞪了一眼，立刻拔劍相向，這就是匹夫之勇。國君若真的好勇，就應該學習周文王。文王看到老百姓被欺負就憤怒，他一怒就安定天下，因為他的正義之怒是為了老百姓，而不是為自己。周武王也一樣，他見商紂橫行天下便發怒，這一怒就安定天下了。孟子多次引用《尚書》的話：「天降下民，作之君，作之師，惟曰：其助上帝，寵之。四方有罪無罪，惟我在，天下曷敢有越厥志？」天降生萬民，為萬民立了君主也立了老師，要他們協助上帝來愛護百姓。因此，四方百姓有罪的與無罪的，都由我來負責。天下誰敢超越他的本分？上天讓老百姓活著，國君和老師有責任，老師的責任，就是孟子要盡的責任。孟子和國君對話時，就把經典裡的記載隨口唸出來。

第三，好貨。孟子引述一段《詩經》：「公劉好貨。」公劉是周朝更早的祖先，公劉要去打仗，家鄉倉庫存糧滿滿，士兵帶出門的乾糧也裝得滿滿的，也就是留守的人有存糧，遠行的人有滿載的乾糧。愛財不是不好，尤其是藏富於民，百姓都發財了，你自然就有錢了。

孟子的原則很簡單。第一，任何問題，在古代經典皆能找到相關的詩句或文章；第二，表現儒家的立場，希望推己及人。孟子主張革命有理，是因為國君應該照顧百姓，不應該自己享受而不讓百姓享受，這個立場很清楚。我們要學的是他與國君如何對話，國君一講話，他立刻就能引用《詩經》、《書經》中的話回應。孟子的學問是反覆練習而來的，這就是「精熟」。

《孟子》沒有談到《易經》，但是孟子對《易經》有相當的功力。《易經》用兩個字講人生的道理：「時」和「位」。「時」代表時機，該如何就如何，需要智慧的判斷。孟子特別強調智慧，因為人生在世要與時俱進。孔子提到仁者、智者。仁者永遠有很高的自我要求，存好心、做好事、很真誠；但是智者不只做好事，還要隨機應變。有些人不知變通，性格忠厚就一路忠厚到底、勇敢就做到勇敢的極致。如果能變通，不是更好嗎？所以孟子對孔子「推崇備至」，說他是「聖之時者也」，是聖人裡面最合乎時宜的。可見他對《易經》六十四卦所談的每一個時機、每一個形勢，都有清楚的認識。

「位」，代表位置。《易經》講卦還講爻，爻就是位置。一卦六爻，占到哪一個位置就做什麼事；如果不在這個位置，事倍功半，反而有負面效果。他引用孔子講過的故事：齊景公喜歡打獵，通常由虞人，亦即專門管理這座山的官員當嚮導，因為只有他知道山中哪裡有動物。有一次，齊景公用旗子招喚虞人過來，他沒有聽命。按照禮儀規定，齊景公應該拿打獵時戴的皮帽招喚他，他才能過來。孔子讚賞這位官員，因為他知道自己的位置，不敢任意跨越。因此我們可以說，孟子對《易經》也有相當的研究。

老子說：「為學日益，為道日損。」他期許我們每天都要把成見、欲望去掉一些。儒家則是「為學日益」，每天都要念書，書念多了自然明白道理，可以把書本的想法運用在生活上。孟子為什麼能夠理直氣壯呢？他同別人談話時總是充滿信心，好像所有問題都離不開他的手掌心，不管是國君還是大臣，問題到了孟子這裡都能迎刃而解，方案怎麼說都是要行仁政，但他們偏偏做不到。行仁政的前提，是尊重每一個人，「己所不欲，勿施於人」，當時的政治領袖都做不到，因為他們的權力太大了。一般老百姓沒有太多受教育的機會，只能盡忠職守。多少兵馬俑都是由活生生的人當模特兒雕塑出來的！雖然他們的表情不同，但服裝是一樣的，上級命令你做什麼，毫無選擇餘地，否則立刻沒命，這是當時的情況。儒家則能看出這些制服、盔甲背後的人有尊嚴，人人平等，與國君一樣可貴。孟子作為儒家代表，他的觀念非常清楚，沒有任何含糊的地方。身為哲學家，他有明確的理解、堅定的立場，而且表現得特別生動。

本書前面幾講要談孟子「語言的藝術」，就是他如何使用語言。真正的聰明人，包括偉大的宗教家與政治家，都很喜歡使用比喻，讓眾人聽了都有自己的感受。釋迦牟尼、耶穌也常用比喻，聽眾程度有好有壞，但都能聽得懂，孟子也有這樣的功力。

領悟孔子的真正智慧

孟子的基本學識，除了古代經典以外，就是孔子的思想了。孔子曾經感嘆沒有人了解他，難免覺得遺憾，並且他本身也沒有專門的著作。聰明而用功的孟子卻能將各種傳下來的片段資料整合起來，抓住其思想核心，再精準扼要地表達出來。他說，如果讓孔子做一件不該做的事，殺一個無辜的人，就是把天下給他，他也不要。至今這段話還是古今中外從政者的最高標準。在現實世界中如果讓我做一件不該做的事、騙一個無辜的人，就可以發財，我做不做呢？很多人可能因此猶豫不決，這就違背了儒家的原則。這些從孔子傳揚下來的儒家思想，到孟子手上更顯示了它的特色。

孟子了解孔子的立場。他曾經說：「予未得為孔子徒也，予私淑諸人也。」（《孟子・離婁下》）他很敬仰孔子，卻遺憾沒有機會當孔子的學生，因為他們之間相距一百多年，所以他只能以孔子為榜樣，將他作為學習對象，並活用他的思想。比如很多人一談儒家就唱高調，教你行善避惡、成為君子、聖人。那麼一般人該怎麼辦？孟子補充說明這麼做的基礎何在，就是「有恆產者有恆心」（《孟子・滕文公上》）。一般老百姓沒有恆產（固定的產業），吃不飽也穿不暖，飢寒起盜心，須知衣食足然後知榮辱，因此孟子說有恆產才有恆心。「夫仁政，必自經界始」（《孟子・滕文公上》），行仁政就要把田界劃分清楚，讓耕者有其田，讓百姓一家溫飽。推行王道，就是要讓七十歲的老人家有肉可吃、有絲織的衣服可穿，也就是「衣帛食肉」，然後「養生喪死無憾」（《孟子・梁惠王上》），讓父母家人豐衣足食，父母過世了，有錢可以辦喪事，這樣才是王道的開始。儒家肯定經濟的作用，而不是反對發財或違背人性自然的願望。

除了經濟之外，還需要教育。經濟應該達到什麼程度是沒有標準的，如果一生汲汲營營於賺錢，那麼到了老年就來不及受教育了。拚經濟的目的在於受教育，只要基本生活條件齊備了，就要受教育。孟子發揮孔子的思想，講得非常精確，他說「飽食暖衣，逸居而無教，則近於禽獸」（《孟子・滕文公上》）：讓人民吃飽、穿暖，生活舒服散漫而沒有受教育，他們就接近禽獸了。人原本就是動物之一，但人可以接受教育，理性思考的能力使人成為萬物之靈。有人說馬很聰明，或者猴子的智力與四、五歲的小孩一樣，但頂多到此為止，難以繼續發展。人類除非自我設限，不然應可持續發展。根據研究，人類的大腦平均只用了十分之一，一般人多半不太喜歡深入探討。孟子博聞強記，又能言簡意賅，把儒家思想的每一方面都了解透徹，再推向理論的高峰。

發揮個人創見：人性理論

《三字經》第一句是「人之初，性本善」，第二句是「性相近，習相遠」。這第二句出自《論語・陽貨》，子曰：「性相近也，習相遠也。」人性原是接近的，但後天養成的習慣讓人性的差異變大了。孔子、孟子都不說性相同。如果說人性本善，是否應該說性相同，亦即沒有任何程度的差別？如果肯定人在本質上都是善的，那麼不接受教育應該還是性善，為什麼會接近禽獸呢？事實上，孟子談人性，並未把人性看作具有固定的本質。

我認為把人性看成具有某種固定的本質，不管是善還是惡，都屬於宗教的說法，因為它無法通過經驗的檢證。佛教徒說緣起性空，萬物的本性都是空的，所有事物都是因緣和合而成。花有花之性嗎？沒有。花是我們所看到的顏色、聞到的香味，把花的顏色、香味去掉，就沒有花這個東西。如果有人說儒家主張人性本善，那麼儒家也成了某種宗教說法。我尊重這樣的想法，但不加以討論，因為孔子、孟子不談這些，是後人誤會了。孟子的全套思想有完備的理論，如果將它理解為主張人性本善，就無法開展他的思想，也難以理解為什麼他會認為「飽食暖衣，逸居而無教，則近於禽獸」。

孔子感嘆「沒有人了解我」，原因之一恐怕是聰明好學的顏淵過世了。孟子生於孔子死後一百七十多年，他的闡述應該可以告慰孔子在天之靈。讀《孟子》，我們可以從中知道儒家思想是如何建構的。至於稍後的荀子則不然，荀子有兩位出名的學生：韓非與李斯。韓非是理論家，李斯是秦始皇的宰相。荀子號稱儒家的代表，自謂得到孔子真傳，不過兩位弟子卻是法家的重要人物，可見他的儒家傳承有問題。譬如，孟子說：「不嗜殺人者能一之。」但秦始皇喜歡殺人，卻統一了天下，不過只延續十五年就結束了。所以孟子還是對的。但是孟子的理想卻沒有機會實踐，在孟子之後有誰是不嗜殺人而統一中國的？用仁政可以達成和平統一嗎？天下之事，總是分久必合、合久必分。

學儒家時，一方面可以有遠大的理想，但更重要的，是把它收回自己內心，不管面對什麼時代、什麼環境，首先都要為自己負責。「窮則獨善其身，達則兼善天下」（《孟子・盡心上》），讓天下人都一起走向完美，這是儒家的理想，「老者安之，朋友信之，少者懷之」（《論語・公治長》）是孔子的志向。孟子說，讀書人有機會要設法兼善天下，不過這種機會不是自己創造的，通常是別人給的。當時有一種風氣，叫作「養士」，梁惠王「卑禮厚幣以招賢者」（《史記・魏世家》），於是孟子就到梁國去了。梁惠王問這些人是否將為他的國家帶來利益，每個人都回答好聽的話，只有孟子說：「王何必曰利，亦有仁義而已矣。」（《孟子・梁惠王上》）有仁義就夠了，因為如果行仁義，上上下下互相尊重合作，國家將團結和諧。

梁惠王帶孟子去看宮廷裡的花園，裡面有各種動物與花草。他問孟子：「你們有賢德的人，也喜歡欣賞花草樹木、鳥獸蟲魚嗎？」孟子說：「賢良的人確實可以享受這些，但是不賢良的人享受就危險了，因為老百姓受不了。」

齊宣王有一個別墅叫雪宮，裡頭有很多麋鹿、天鵝，以及各種美好的花草。孟子提醒他，千萬不要以此為樂，因為老百姓正在受苦。齊宣王還抱怨，周文王有一個縱橫各七十里的花園，百姓認為太小；我的花園僅縱橫四十里，百姓卻認為太大。孟子說，周文王的大花園是每一個百姓都可以進去的，在裡頭砍柴、抓兔子都行，所以周文王的花園等於是國家花園，也就是孟子說的「與民偕樂」。但如果百姓在齊國的花園裡殺一頭鹿，此罪等同於殺人。窮苦百姓獵了一頭鹿竟被抓去坐牢，好像國家設了個大陷阱，百姓認為代價太大了。丹麥有座國家公園，園中的中式戲臺屋檐下橫懸一塊木匾，就寫了「與民偕樂」四個字。每個人都值得尊重，絕不能因為權力、財富占盡優勢，就可以不把別人當一回事。

孟子最精采的地方，在於他把人性理論說清楚了。所謂人性向善，是說人只要真誠，就會產生一種由內而發的力量，促使我們去做該做的事，人格尊嚴由此得到肯定，人生的快樂也會由內而發。從自覺真誠開始，就會引發無限的力量，這也肯定了每一個人的平等在此。但是要先接受良好的教育，才會知道「真誠」該如何表現出來，如何與外在的規範配合，然後生命就會穩定，社會也就有了秩序。

第二講：善於使用比喻

介紹孟子的思想結構，可以概括為四大範疇：一、好辯自有理由。孟子喜歡辯論有其理由，我們也由此欣賞孟子的語言藝術；二、性善不是幻想，要把孟子的人性理論做個介紹；三、培養浩然之氣，談儒家的修養，不能錯過如何培養浩然之氣；四、人格修養六境。很多人學習儒家找不到實踐的步驟，或是抓不到重點，事實上這些在《孟子》裡都談到了。

語言和言語不同。一般講語言，是說人類有各種不同的語言；而說話時表達的方式則稱為言語。孔子的學生分為四科：德行、言語、政事、文學。德行科排第一，因為儒家的主要關懷就是要讓人生走上正路。其次，孔子重視言語，言語科排第二。古代的人知道，人的生命表現在言和行這兩方面。如果只有行動，就只有身邊的人看得到你做了什麼事，而言語則可以傳播到其他地方。如今傳播媒體這麼發達，言語就顯得更重要了。

言語雖然重要，但也有缺點。孔子說：「巧言令色，鮮矣仁。」（《論語・學而》）說話美妙動聽，表情討好熱絡，這種人很少有真誠的心意。因為和言語、表情相對的，就是內心的真誠。重要的是，要設法在巧言令色的同時，加上真誠，否則謀職失敗的人把原因歸咎於孔子教人剛毅木訥，那就冤枉了。謙虛不代表不能用適當言語來表達，孔子只是希望我們在講動聽的話時，同時要注意真誠。另一方面，言語最怕逞口舌之利，所以人要念書，有一定的認知與理解，說出來的話才有道理，孟子就是最好的例子。

孟子善於使用高明的比喻。說話如果只講事實，將會非常枯燥，講的時候也要選擇重點，顯示個人特定的意見，所以最好使用比喻。使用比喻時，因每個人的生命經驗不同，會有不同的理解；不同年齡也會有不同的心得。使用比喻極有彈性，也最能夠把語言的妙用展現出來。

孔子說：「歲寒，然後知松柏之後凋也。」（《論語・子罕》）天氣很冷，才能知道松樹、柏樹是最後凋零的。看到這句話，我們所想到的，是人要經過嚴格的檢驗，才能知道他的志節是不是堅貞？這就是「時窮節乃見」，這個比喻使人得到不同的啟發。

智：緣木求魚，杯水車薪，五十步笑百步

孟子是比喻高手，擅長使用生動巧妙的寓言。孟子見梁惠王，梁惠王說：「我治理國家可謂用盡心思啊！如果河內發生災荒，我就把民眾遷徙到河東，並把穀糧移到河內救災；河東發生災荒時也用這樣的辦法。看看鄰國的管理，沒有比我更用心的了；但鄰國的民眾沒有減少，我國的民眾也沒有增多，為什麼呢？」

孟子回答說：「大王喜歡打仗，我就用打仗來比喻。擊鼓進軍，兩軍交

鋒，有士兵潰逃，有的跑了一百步停了下來，有的跑了五十步就停下來；如果那跑了五十步的取笑跑了一百步的，您覺得如何呢？」

梁惠王說：「不可以。逃跑五十步也是逃跑啊！」

孟子說：「大王既然知道，那麼不要希望民眾比鄰國多了。」（《孟子‧梁惠王上》）這就是有名的「五十步笑百步」。

齊宣王仰慕春秋時齊桓公與晉文公的霸業，很想效法他們，便向孟子請教有關他們的事蹟。孟子說他沒聽說過，但可以為齊宣王講述如何以仁德統治天下。孟子認為，要以仁德統治天下，最重要的，就是要照顧、愛護百姓。可以先從尊敬自己的父兄、愛護自己的子弟開始，然後推及別人的父兄子弟，這樣就能治國、平天下了。如果不從基礎開始做起，就想開疆闢土，使其他諸侯歸順而稱霸天下，正如同爬到樹上去抓魚，是不可能達成的。後來《孟子》原文的「緣木求魚」演變成一句成語。如果比喻用錯地方，就徒勞無功了。（《孟子‧梁惠王上》）

孟子還說：「爬到樹上找不到魚就算了，頂多是爬樹辛苦一點，沒有『後災』（後遺症）。如果想以這種做法統一中國，不但找不到魚，還會有後遺症。」

孟子接著問說：「鄒國與楚國打仗，大王認為誰會獲勝？」齊宣王說：「楚國會勝。」孟子說：「由此可見，小的原本敵不過大的，人少的原本敵不過人多的，勢力弱的原本敵不過勢力強的。現在四海之內的面積約九百萬平方里，齊國的土地占了其中九分之一。以一份來對抗另外八份，那和鄒國與楚國為敵有什麼不同呢？何不回到根本上來呢？現在大王改革政治、施行仁德，使天下做官的都想來大王的朝廷任職，農夫都想來大王的田野耕種，商人都想來大王的市集營生，旅客都想在大王的道路來往，天下有痛恨本國君主的人都想來大王這兒控訴。果真做到這樣，誰能抵擋得住呢？」

齊國攻打燕國，大獲全勝。齊宣王問：「有人勸我不要奪取燕國，也有人勸我奪取燕國。以一個擁有萬輛兵車的國家去攻打同樣擁有萬輛兵車的國家，五十天就成功了，光靠人力是做不到的。不奪取它，必定會有天降的災禍。奪取它，怎麼樣？」

孟子回答：「奪取它而燕國百姓高興，就奪取它。古代有人這麼做過，就是周武王。奪取它而燕國百姓不高興，就不要奪取它。古代有人這麼做過，就是周文王。以擁有萬輛兵車的國家去攻打同樣擁有萬輛兵車的國家，百姓用筐裝飯、用壺盛酒來迎接大王的軍隊，難道會有別的意思嗎？只是想避開水深火熱的痛苦罷了。如果水淹得更深、火燒得更熱，那就只能轉而指望別人來拯救了。」（《孟子·梁惠王下》）

後來，果然各國聯合起來對付齊國，齊宣王很懊惱沒有聽孟子的話。孟子用緣木求魚的比喻之後，早就提醒齊宣王要小心後來的災禍了。

孟子推崇仁政，有人問：「行仁政有用嗎？」孟子說：「仁德戰勝不仁德，就像水戰勝火。現在實踐仁德的人，就像用一杯水去救一車著了火的木柴；火沒有熄滅，就說這是水不能戰勝火。這樣就給了不仁德最大的助力，最後連原先的一點仁德也會喪失的。」（《孟子·告子上》）這是「杯水車薪」一語的由來。

仁：見牛未見羊，一暴十寒，遷於喬木

有一個精采的故事：「見牛未見羊」。齊宣王問：「要有怎麼樣的德行，才可以稱王天下呢？」孟子說：「保護百姓進而稱王天下，就沒有人能夠阻擋了。」

孟子進一步鼓勵齊宣王：「我聽胡齕說：有一天大王坐在堂上，有人牽著一頭牛從堂下經過，大王見了就問：『牛要牽到哪裡去？』那人回答：『要用牠來祭鐘。』大王說：『放了牠吧！我不忍心看牠恐懼發抖的樣子，好像沒有犯罪就被置於死地。』那人便問：『那麼，要廢除祭鐘的儀式嗎？』大王說：『怎麼可以廢除呢？用羊來代替牠吧！』不知道有沒有這回事？」齊宣王說：「有的。」孟子說：「這樣的心意就足以稱王天下了。百姓都以為大王是吝嗇，我本來就知道大王是不忍心啊。」齊宣王說：「是的，確實有這樣議論的百姓。齊國雖然狹小，我怎麼會吝惜一頭牛？就是不忍心看牠恐懼發抖的樣子，好像沒有犯罪就被置於死地，所以才用羊代替牠啊。」

孟子說：「大王不必責怪百姓以為您吝嗇。用小的代替大的，他們怎麼了解您的想法？大王如果可憐牠沒有犯罪就被置於死地，那麼牛和羊又有什麼分別呢？」齊宣王笑著說：「這究竟是什麼樣的心思呢？我不是吝惜錢財而以羊換牛的。也難怪百姓要說我吝嗇了。」孟子說：「沒有關係，這正是仁德的具體表現，是大王見到牛而沒有見到羊的緣故。君子對於禽獸，看到牠活著，就不忍心看到牠死去；聽到牠的哀鳴，就不忍心食用牠的肉。正是因為如此，所以君子總是與廚房保持距離。」（《孟子・梁惠王上》）

孟子就是希望齊宣王覺悟，他那一點點同情心是不足的。一頭牛哀鳴他就不忍心，把牛換成羊，但卻沒有聽到羊的哀叫，更不知道有多少百姓捱餓受凍！此話一出，齊宣王肯定三天不敢見孟子，但不敢見他也會衍生其他問題，於是出現「一暴十寒」這個成語。孟子說：「對於大王的不明智，不必覺得奇怪。即使有天下最容易生長的東西，曬它一天，再凍它十天，也沒有辦法生長了。我與大王相見次數太少了，我一離開，那些澆冷水的人就來了，他那剛萌芽的一點善心又能怎樣呢？」（《孟子・告子上》）這些成語都出自孟子，他在語言表達的藝術上，可謂非常傑出。

有一位奉行神農氏學說的人，名叫許行，他從楚國來到滕國，謁見滕文公：「我是從遠方來的，聽說您實行仁政，希望得到一個住所，成為您的百姓。」滕文公給他一個住處。他有弟子數十人，都穿粗麻衣服，以編草鞋、織席子為生。陳良的弟子陳相帶著弟弟陳辛，背著農具從宋國來到滕國，對滕文公說：「聽說您實行聖人的政治，那麼您也是聖人了，我願意做聖人的百姓。」陳相見到許行，非常高興，就完全拋棄以前所學，改向許行學習。陳相來見孟子，轉述許行的話說：「滕君確實是個賢明的君主；不過，他還沒有懂得正道。真正賢明的君主應該與百姓一起耕種養活自己，一面燒火做飯，一面治理百姓。現在，滕國有儲存糧食與財貨的倉庫，這是損害百姓來供養自己，怎麼算得上賢明呢？」

孟子說：「許子一定自己栽種糧食才吃飯嗎？」陳相說：「是的。」孟子說：「許子一定自己織布才穿衣嗎？」陳相說：「不是，許子穿粗麻衣服。」孟子問：「許子戴帽子嗎？」陳相說：「戴的。」孟子問：「戴什麼樣的帽子？」陳相說：「戴白綢帽子。」孟子說：「是他自己織的嗎？」陳相說：「不，用糧食換來的。」孟子說：「許子為什麼不自己織呢？」陳相說：「會妨礙農耕。」孟子說：「許子用鍋甑燒飯，用鐵器耕田嗎？」陳相說：「是的。」孟子說：「是他自己製作的嗎？」陳相說：「不，用糧食換來的。」孟子說：「用糧食換取鍋甑鐵器不算是損害瓦匠鐵匠；瓦匠鐵匠也用他們製的鍋甑鐵器換取糧食，難道就是損害了農夫嗎？並且許子為什麼不兼做瓦匠鐵匠，樣樣東西都從自己屋裡取來用呢？為什麼要忙忙碌碌同各種工匠交換呢？為什麼許子這麼不怕麻煩呢？」陳相說：「各種工匠的工作，本來就不可能一面耕種一面操作的。」孟子說：「那麼，難道治理天下就能一面耕種一面治理嗎？有官吏的工作，有小民的工作。而且一個人身上的用品，要靠各種工匠來製作才能齊備，如果一定要自己製作而後使用，那天下人都要疲於奔命了。所以說：有的人操勞心思，有的人操勞體力。操勞心思的治理別人，操勞體力的被人治理；被人治理的養活別人，治理人的靠別人養活。這是天下共同的法則。」（《孟子・滕文公上》）

陳相辯不過孟子，可惜這位原本是儒家的學者，居然跟著農家走了。孟子對他很不滿意，他只聽說「出於幽谷，遷于喬木者，未聞下喬木而入幽谷者」，只聽聞鳥從黑暗的山谷飛出來，遷到高大的樹木上，沒有聽說鳥從高大的樹木飛下來，遷到幽暗的山谷裡面的。這句話後來演變成致贈給要搬家的人一個書有「喬遷之喜」的匾。

勇：何待來年，三年之艾，魚與熊掌

宋國大夫戴盈之聽了孟子的話之後，覺得很有道理，說：「實施十分抽一的稅率，免除關卡和市場上的徵稅，今年還做不到，預備減輕一些，等到明年再停止舊的做法，這樣如何？」孟子說：「譬如有個人每天偷鄰居一隻雞，別人對他說：『這不是君子的作為。』他說：『預備減少一些，每月偷一隻雞，等到明年再停止偷雞。』如果知道那種事不合道義，就趕快停止，為什麼要等

到明年？」（《孟子‧滕文公下》）

我們有時候對自己太寬容了，經常發現自己有毛病卻改不了。毛病是慢慢形成的，可能好幾年也不見得改得過來，所以孟子說，有什麼錯應該立刻就改，「何待來年」。如果想拖延，代表還沒有了解自己真正錯了。

當時很多國君都覺得，聽了孟子的話立刻要改真是不容易。但孟子在〈離婁上〉用別的方式來說明。有個人生了七年的病，需要用採下曬乾後保存了三年的艾草治病，如果現在不開始儲存，永遠不會有保存三年的艾草可用。所以不要存著「我先休息一個星期再來努力」的心，應該立刻就做。

儒家也有比較極端的話，孔子說「殺身成仁」，孟子說「舍生取義」。問題在於如何規定仁和義。兩千多年以來，中國讀書人不斷思考這個問題，最後卻把仁義的決定權交給天子或國君了，但這也算仁義嗎？孟子覺得君臣關係是相對倫理。儒家講五倫，「父子有親，君臣有義，夫婦有別，長幼有序，朋友有信」。一旦離開家庭進入社會，就有君臣關係，現代社會則是老闆與員工。朋友之間，你對我不好，我就不理你；兄弟有時會打架，鬩牆於內，團結對外；夫妻吵架更常見；君臣也會不和；只有父母與子女的關係不可逆。做子女的無論如何都不能對父母惡言相向，更不要說暴力相加了。

舜就是個好例子，舜的父親、後母、弟弟都想謀害他，但是舜並沒有以怨報怨，只是設法讓他們的惡行無法得逞，這樣就是孝順。

古人很容易以為君臣之倫也是不可逆的，那就錯了。孟子把君臣關係說得很清楚。孟子告訴齊宣王：「君主看待臣下如手足，臣下看待君主就如腹心；君主看待臣下如狗與馬，臣下看待君主就如路邊人；君主看待臣下如泥土草芥，臣下看待君主就如強盜仇敵。」（《孟子・離婁下》）此話一出，兩千多年來的皇帝，哪一個不害怕？

明太祖朱元璋就很討厭孟子，下令把孟子移出孔廟，不讓他接受祭祀。結果要移走牌位時，忽然又打雷又下雨，明太祖害怕天意只好作罷，但心裡還是不愉快，後來下令把《孟子》裡的反動言論刪除。

雖然東漢趙岐對《孟子》的內容做了注解，但卻很少公開談論，因為孟子把人格放在平等的位置上來互動，認為君臣倫理是相對的。在專制時代提出這種說法，國君當然無法容忍。比如孟子提到捨生取義時說：「魚是我喜歡吃的，熊掌是我喜歡吃的，這兩個只能選一個，我就不要魚了，我要取熊掌。」生命是我喜歡的，義也是我喜歡的（義就是正當的言行），兩個不能夠同時存在，我就要捨生取義。

為什麼「義」比生命更可貴呢？只有一個答案：「人性向善」，所以行善而犧牲，就是完成人性的要求。孔子也說「殺身成仁」，為什麼犧牲生命可以完成仁呢？因為生命的存在，就是為了實現仁。仁的具體作為即是善，人性向善，所以為了實現善而犧牲生命，正好完成生命的目的。

當時佛教還沒有傳進中國，沒有什麼輪迴觀念，看到好端端的人忽然遭遇死亡，確實是很大的打擊，因為死後就什麼都沒有了。但是，真的沒有了嗎？儒家認為除了鬼神的存在之外，還有後代對人格價值的肯定。千萬不要小看「人格價值」四字，一個人去掉人格價值，還剩下什麼？如果只剩下鬼魂，兩千多年來經歷過多少戰亂，大多數後代子孫不清楚祖先是誰，要如何祭祀？所以我們常說人最好能有千秋萬世的名聲。但也有人不接受這種思想，認為「使

我能有身後名，不如及時一杯酒。」（《世說新語‧任誕篇》）

孟子使用的比喻非常活潑生動。關於環境對人的影響，孟子有一個比喻說得很好：「一齊人傅之，眾楚人咻之。」孟子到了宋國，宋國國君很希望能好好做事。他有一位大臣名叫薛居州，非常賢良。但是只有一個薛居州不夠，怎麼辦呢？於是孟子對宋國大夫戴不勝說：「你希望你的大王走上善途嗎？我明白告訴你辦法。假定有一位楚國大夫想讓他的兒子學習齊國話，那麼是請齊國人來教？還是請楚國人來教？」戴不勝說：「請齊國人來教。」孟子說：「一個齊國人教他，許多楚國人干擾他，即使天天鞭打來逼他說齊國話，也不可能做到。如果帶他到齊國都城的街坊住上幾年，即使天天鞭打來逼他說楚國話，也不可能做到。你說薛居州是個好人，讓他住在大王宮中。如果大王宮中，不論年紀大小、地位高低，都是薛居州那樣的人，大王能同誰去做壞事呢？如果大王宮中，不論年紀大小、地位高低，都不是薛居州那樣的人，大王能同誰去做好事呢？單靠一個薛居州，能對宋王起什麼作用呢？」（《孟子‧滕文公下》）

荀子說得更有趣，他說「蓬生麻中，不扶自直。」（《荀子・勸學》）蓬是風吹就倒了，麻則長得很硬很直，蓬長在麻裡面，不用扶自然就直了。孟子重視習慣，他認為後天環境可以造成特定的結果。有時候會覺得孟子對那些政治領袖實在缺乏尊敬，經常把他們比喻得很不堪。政治領袖需要自覺，但是他號令全國，有無比的權力，實在很難自覺。就某種意義來說，我們比那些當國君的人幸福多了。因為我們的人生可以全面開展，而國君的人生卻永遠陷在權力的漩渦裡。

孟子在與齊宣王對話時，還提到「不去做」與「不能做」的差別。孟子說：「挾太山以超北海，語人曰：『我不能』，是誠不能也。」用手臂夾著太山跳過北海，這是真的做不到。「為長者折枝，語人曰：『我不能』，是不為也，非不能也。」枝與肢通用，折枝是勞動手腳為人服務。有年長的人過來，卻不願意勞動手腳為他服務，還說「我辦不到。」這是不去做，而不是不能做。（《孟子・梁惠王上》）不能做是受到外在條件限制，不去做則是自己沒有意願。人生就在於把被動變成主動，孔子也如此教導學生，如何把被動變成主動，自己作主，實現禮的規範，這是我對「克己復禮」的詮釋，如此生命就有其力量，可以自己走上該走的路。

我們舉了好幾個比喻：「五十步笑百步」、「緣木求魚」、「一暴十寒」、「杯水車薪」、「見牛未見羊」、「遷於喬木」、「何待來年」、「三年之艾」、「魚與熊掌」，再加上「不為與不能」十個，像這樣使用的比喻，《孟子》裡至少有五十個以上，可以啟發我們如何與人談話、善用比喻。老子也常用比喻，他說：「飄風不終朝，驟雨不終日。」（《老子・第二十三章》）強風不會吹整個早上，暴雨不會下一整天，比喻雖然天長地久，但天地也有不能長久的時候，自然生態一定是物極必反，保持平衡。最近天氣很熱，不要急，熱到極點就慢慢涼爽了；最近很冷，忍耐一下，冷到極點就開始溫暖了；與人相處，已經過了最壞的階段，接著就是倒吃甘蔗、漸入佳境。這些都是善用比喻。

第三講：創造新的格言

齊宣王與孟子多談幾次之後，也懂得一些說話技巧。齊宣王問：「商湯放逐夏桀，周武王討伐商紂，有這些事嗎？」孟子回答：「史籍上有這樣的記載。」齊宣王說：「臣子殺害國君，這樣做可以嗎？」孟子說：「破壞仁德的人稱作賊害，破壞義行的人稱作殘酷；殘酷賊害的人稱作獨夫。我只聽說殺了獨夫商紂，沒有聽說殺了國君啊！」（《孟子・梁惠王下》）

孟子明知齊宣王希望他說些別的話來緩和緊張情緒，但他居然如此回答，亦即不做一個好國君，下場可能差不多。孟子說話很有技巧，善用歸納法將不同時空發生的事件整合起來，找到一個普遍的原理，再作進一步的推論。孟子對齊宣王說：「假如大王有個官員，把妻小託付給朋友照顧，自己前往楚國遊歷，回來時卻發現妻小在受凍挨餓，對這樣的朋友應該怎麼辦？」齊宣王說：「與他絕交。」孟子說：「司法官不能管好他的下屬，應該怎麼辦？」齊宣王說：「撤換他。」孟子說：「一個國家治理不好，應該怎麼辦？」齊宣王卻轉頭去看左右兩邊，談起別的事情了。（《孟子・梁惠王下》）

自我修養：反求諸己，綽綽有餘，通權達變

孟子發明的格言很多。譬如人要不斷地修養自己，要像那學習射箭的人：「仁者如射：射者正己而後發；發而不中，不怨勝己者，反求諸己而已矣。」（《孟子・公孫丑上》）行仁的人有如比賽射箭：射箭的人端正自己的姿勢再發箭；如果沒有射中，不抱怨勝過自己的人，而要反過來在自己身上尋找原因。

孟子說：「愛護別人，別人卻不來親近，就要反問自己仁德夠不夠；治理別人，別人卻不上軌道，就要反問自己明智夠不夠；禮貌待人，別人卻沒有回應，就要反問自己恭敬夠不夠。行為沒有得到預期效果，就要反過來要求自己，自身端正了，天下的人就會來歸附。《詩經・大雅・文王》上說：『永遠配合天命，自己求得更多的幸福。』」（《孟子・離婁上》）

「綽綽有餘」一詞有一個類似的成語。道家莊子的《養生主》描寫庖丁解牛時說，刀刃很薄，而牛的骨頭與骨頭之間距離很寬，以很薄的刀刃刺進空隙寬敞的牛骨之間，當然是「游刃有餘」。儒家孟子使用的則是「綽綽有餘」。

孟子對蚳鼃說：「你辭去靈丘大夫的職位，請求擔任司法官，似乎是對的，因為可以向大王進言。現在過了幾個月了，還不可以進言嗎？」蚳鼃向大王進諫而不被採納，就辭官走了。齊國有人說：「孟子為蚳鼃考慮的倒是很好，他怎麼為自己考慮，我就不知道了。」孟子的學生公都子向他報告這番批評之後，孟子說：「我聽說過：有固定官位的，無法行使職權就該離去；有進言責任的，無法以言進諫就該離去。我既沒有固定官位，也沒有進言責任，那

麼我的行動要進要退不是寬綽而大有餘地嗎？」（《孟子・公孫丑下》）

齊宣王知道孟子是個人才，卻不能用他，因為擔心如果推行仁政，說不定還未產生效果就被消滅了。當時齊國用了孫子、田忌等人，都是精於作戰，能夠富國強兵的。孟子只好離開齊國。齊宣王送他上等的金子一百鎰，孟子不要，陳臻請教說：「以前在齊國，齊王送您一百鎰上等金，您不接受；在宋國，宋君送七十鎰，您接受了；在薛國，薛君送五十鎰，您也接受了。如果以前不接受是對的，後來接受就是錯的；如果後來接受是對的，以前不接受就是錯的。先生一定處於其中一種情況吧。」

孟子說：「我都是對的。在宋國的時候，我準備遠行，對遠行的一定要送些路費，宋君說：『送上路費。』我為什麼不接受？在薛國的時候，我聽說路上有危險需要戒備，薛君說：『聽說需要戒備，送上一點錢給你買兵器。』我為什麼不接受？至於在齊國的時候，就沒有什麼理由。沒有理由而送錢，那是收買我。哪裡有君子可以用錢收買的呢？」（《孟子・公孫丑下》）

孟子即事說理，我們能從這個例子看出儒家卓越的智慧。淳于髡說：「男女之間不親手遞接東西，這是禮制的規定嗎？」孟子說：「是禮制的規定。」淳于髡說：「如果嫂嫂掉進水裡，要用手去拉她嗎？」孟子說：「嫂嫂掉到水裡而不去拉她，就是豺狼了。男女之間不親手遞接東西，這是禮制的規定；嫂嫂掉進水裡則用手去拉她，這是變通的辦法。」

淳于髡說：「現在天下的人都掉到水裡去了，先生卻不肯伸手，為什麼呢？」孟子說：「天下的人掉進水裡，要用正道去救；嫂嫂掉進水裡，要用手去救。你難道想用手救天下的人嗎？」（《孟子・離婁上》）這就是通權達變。

人際相處：取友必端，與人為善，守望相助

孟子提到人與人相處的時候，說了四個字：「取友必端」，也就是交友一定要找端正的朋友。逢蒙向后羿學習射箭，完全學會了后羿的技術，他想到

天下只有后羿比自己強，於是謀害了后羿。孟子說：「這件事，后羿也有過錯。」公明儀說：「好像沒有什麼過錯吧。」孟子說：「過錯不大而已，怎麼會沒有過錯呢？鄭國派子濯孺子侵犯衛國，衛國派庾公之斯追擊他。子濯孺子說：『今天我舊病發作，不能拿弓，我活不成了。』接著問駕車的人：『追趕我的是誰？』駕車的人說：『是庾公之斯。』子濯孺子說：『我可以活命了。』駕車的人說：『庾公之斯是衛國善於射箭的人，您反而說可以活命，這是什麼意思？』子濯孺子說：『庾公之斯向尹公之他學習射箭，尹公之他又向我學習射箭。尹公之他是個正派的人，他選擇朋友一定也是正派的人。』庾公之斯追來了，說：『先生為什麼不拿弓？』子濯孺子說：『今天我舊疾發作，不能拿弓。』庾公之斯說：『我向尹公之他學習射箭，尹公之他向您學習射箭，我不忍心用您傳授的技術反過來傷害您。但是，今天的事是國君交代的，我不敢不辦。』說完就抽出箭來，往車輪上敲，去掉箭頭之後，發射四箭就返身回去了。」（《孟子・離婁下》）

孟子常常提到「與人為善」，如今「與人為善」已經有偏差的涵義，譬如說，「這件事情你睜一隻眼、閉一隻眼，與人為善吧！」但這不是孟子的意思。孟子說：「子路，別人指出他的過錯，他就歡喜。禹，聽到良善的言詞就拜謝。偉大的舜更是了不起，善行與別人分享，捨棄自己而追隨別人，樂於吸取別人的優點來自己行善。從當農夫、陶工、漁夫，直到成為天子，沒有一項優點不是向別人學來的。吸取眾人的優點來自己行善，就是偕同別人一起行善。所以君子最高的楷模就是偕同別人一起行善。」（《孟子・公孫丑上》）每一個人都有優點，與人為善是從別人身上找到優點，然後自己來做，做了之後也幫助別人一起行善。與人為善的「與」，是幫助的意思，幫助別人一起行善，因為一個人行善很孤單，會有壓力。舜能夠吸取別人的優點而身體力行，讓眾人都覺得自己有價值，這樣一來，也就願意去行善了，所以與人為善的涵義是很深刻的。

孟子喜歡談論古代的社會，他說：「實行仁政的，一定要從劃分田界開始，田界劃分不正確，井田的面積就不平均，作為俸祿的田租收入就不公平，因此暴君與貪官汙吏必定要破壞田界。田界劃分正確了，那麼分配井田、制定官祿就輕而易舉了。滕國土地狹小，但也有政府的官吏，也有耕田的農夫。沒有官吏，就沒有人來治理農夫；沒有農夫，就沒有人來供養君子。我建議：在郊野用九分抽一的助法，城市十分抽一，讓他們自行納稅。卿以下的官吏一定要有供祭祀的圭田，每家五十畝，家中未成年的男子另給二十五畝。喪葬或搬家都不離開本鄉。共一井田的各家，出入互相結伴，防盜互相幫助，有病互相照顧，那麼百姓之間就會親近和睦。每一方里的土地定為一個井田，每一井田九百畝地，中間一塊是公田。八家各有一百畝私田，並且共同耕種公田。公田農事做完，然後才敢做私田的事，這就是區別官吏與農夫的辦法。」（《孟子・滕文公上》）社區能夠「出入相友，疾病相扶持」，所以「守望相助」對我們來說是很重要的。

再看一段孟子與國君談音樂的事。齊宣王召見孟子，孟子說：「大王曾經對莊暴說過愛好音樂，有這回事嗎？」齊宣王臉色一變，說：「我不是愛好古代聖王的音樂，只是愛好世俗流行的音樂罷了。」孟子說：「大王如果非常愛好音樂，齊國大概就可以平治了！現在的音樂與古代的音樂是一樣的。」齊宣王說：「可以說來聽聽嗎？」孟子說：「獨自欣賞音樂的快樂，比起同別人一起欣賞音樂的快樂，哪一種更快樂？」齊宣王說：「不如同別人一起。」孟子說：「同少數人一起欣賞音樂的快樂，比起同多數人一起欣賞音樂的快樂，哪一種更快樂？」齊宣王說：「不如同多數人一起。」（《孟子‧梁惠王下》）音樂的作用就是透過旋律、曲調、和聲，使聽者產生和諧的心情。音樂可以調節平凡無趣的日常生活，讓人感受審美的生命情調。孟子說：「獨樂樂不如眾樂樂。」強調人際之間可以和睦相處。

積極人生：心悅誠服，手舞足蹈，兼善天下

孟子在倡導仁政時，特別以孔子為例，說弟子們對孔子「心悅誠服」。孟子說：「憑藉武力來號召行仁的是稱霸，稱霸必須具備大國的條件；憑藉道德來努力行仁的是稱王，稱王不必要有大國的條件：商湯以縱橫各七十里的土

地，周文王以縱橫各一百里的土地，就稱王了。憑藉武力使人服從，別人不是真心服從，而是力量不夠；憑藉道德使人服從，別人內心快樂真正順服，像七十多位弟子順服孔子一樣。《詩經・大雅・文王有聲》上說：『從西從東，從南從北，四方無不順服。』說的就是這事。」（《孟子・公孫丑上》）

孔子過世後，許多學生在孔子墓旁蓋房子守喪三年，因為他們心悅誠服。如果他只是個平凡人，沒有特殊的人格修養，讓學生有如春風化雨般的感受，恐怕學生就不會這麼做了。子貢後來還繼續守了第二個三年之喪，就是因為心悅誠服。（依荀子說法，三年之喪是二十五個月。）

孟子說：「仁德的實質是事奉父母；義行的實質是順從兄長；明智的實質是知道這兩者是人不能離開的；守禮的實質是對這兩者加以調節與文飾；音樂的實質是由這兩者得到快樂，快樂就這樣產生了；快樂一產生就抑制不住，抑制不住就會不知不覺地手舞足蹈起來。」（《孟子・離婁上》）所以一個人高興的時候，我們常用「手舞足蹈」來形容。

其實堯舜之道就是「孝悌」，孟子多次提到能孝順父母、友愛兄弟姊妹，就是堯舜之道。孟子說：「老吾老以及人之老，幼吾幼以及人之幼。」（《孟子・梁惠王上》）這句話我們至今仍奉行不悖。從孝悌推廣出去，代表從人的生命最基本的範圍開始，這種做法來自於人性向善的觀念。音樂的「樂」與快樂的「樂」是同一個字，這是古人的智慧，演奏音樂代表快樂，一旦快樂起來就停不下來，「不覺足之蹈之，手之舞之」。手舞足蹈的基礎，在於做到了仁義禮智樂這五種要求。所以，儒家思想描寫藝術、音樂、舞蹈，都是出於人性向善的力量，目的都是希望人堅持行善。

人生在世，如果做到善，就有了基本的立足點。書念得再好（求知或求真）、音樂藝術表現得再優秀（審美），如果沒有站穩善的立足點，從孝順父母開始做起，則生命本身還是有缺陷的。儒家重視教育，也肯定音樂欣賞，要培養生活的審美情操，但這一切的基礎都在於善，有了善這個穩定的條件，求真、審美，就有依靠了。

道家則不一樣。道家對於「善」始終保持懷疑的態度，因為善是做不完的，並且善是相對的，有時甚至可以偽裝。道家強調真實，真實與美感可以直接結合。儒家為什麼連「手舞足蹈」都要牽涉到仁義禮智，原因就在於人的生命離不開善的基礎。

孟子知道一般老百姓希望讀書人多做一點事。孟子自述遊說諸侯時的心境：「崇尚品德、愛好義行，就可以悠然自得了。」所以，士人窮困時不放棄義行，顯達時不背離正道。窮困時不放棄義行，所以士人能保住自己的操守；顯達時不背離正道，所以百姓不會失望。古人得志時，恩澤廣施百姓；不得志時，修養自己立身於世。窮困時，努力使自己趨於完美；顯達時，就使天下人一起走向完美。（《孟子・盡心上》）這即是「窮則獨善其身，達則兼善天下」。

對於女性的看法，孔子曾說：「唯女子與小人為難養也，近之則不遜，遠之則怨。」（《論語・陽貨》）指的是女子與小人很難相處。對他們太好，就驕傲；遠離他們，則抱怨。而當時的女子因為沒有受教育的機會，沒辦法開發潛能，經濟上也無法獨立，只能依賴他人生存，這是古代社會的環境使然。如今只能說「唯小人為難養也」，而此時所謂小人則包含女子在內。這樣說比較公平。

孟子說：「男子舉行加冠禮時，父親教誨他；女子出嫁時，母親教誨她，送她到門口，告誡她：『到了夫家，一定要恭敬，一定要謹慎，不要違背丈夫！』把順從當作正途，是婦女遵循的原則啊。居住於天下最寬廣的住宅，站立於天下最正確的位置，行走於天下最開闊的道路；能實現志向，就同百姓一起走上正道；不能實現志向，就獨自走在正道上。富貴不能讓他耽溺，貧賤不能讓他變節，威武不能讓他屈服，這樣才叫作大丈夫。」（《孟子・滕文公下》）

另外，孟子提到賤丈夫，他說：「古代經商的人，以自己有的去交換自己沒有的，由相關部門的官吏去管理。有個卑鄙的男人，一定要找塊高地站上去，向左右兩邊張望，企圖搜括市場的利益。人人都認為他卑鄙，於是抽他的稅。對商人抽稅就是從這個卑鄙的男人開始的。」（《孟子・公孫丑下》）賤丈夫賺了錢之後，在田埂上站得高一些，看看哪裡還有利益；大丈夫則是「富貴不能淫，貧賤不能移，威武不能屈」，兩者真是千差萬別。

孟子有時候也被人質疑、批評。公孫丑說：「《詩經・魏風・伐檀》上說：『不白白吃飯啊。』可是君子不耕種卻也吃飯，為什麼呢？」孟子說：「君子住在一個國家裡，國君任用他，就能帶來安定、富足、尊貴、榮耀；青少年跟隨他，就會孝順父母、尊敬兄長、辦事忠心、講求誠信。『沒有白白吃飯啊』，什麼功勞比他的更大？」（《孟子・盡心上》）哪一個國家不喜歡「安定、富足、尊貴、榮耀」？孟子能做到，儒家能做到，至少他們相信自己做得到這一點，至於是否真能做到，當然還需要各種條件的配合。

孟子也善於批評當時的風氣。他在齊國待了很久，說過一段故事。齊國有個人，家裡有一妻一妾；做丈夫的每次出門一定吃飽了酒肉才回來。妻子問他一起吃喝的是些什麼人，他說都是有錢有勢的人。妻子對妾說：「丈夫每次出去，一定吃飽了酒肉才回來；問他同誰一起吃喝，他說都是有錢有勢的人。可是從來沒有顯貴的人來過我們家，我打算暗中察看他去什麼地方。」第二天一早起來，她就偷偷跟在丈夫後面，走遍全城沒有一個人停下來同她丈夫說話。最後走到東門城外的墓地，見他走近祭掃墳墓的人那裡，討些剩餘的酒菜吃；

沒吃飽，又四處張望再去別處乞討，這就是他吃飽喝足的辦法。妻子回到家裡，把情況告訴了妾，並且說：「丈夫是我們仰望而終身依靠的人，現在他竟是這樣！」說完就同妾一起嘲罵丈夫，在庭院中相對而泣，做丈夫的還不知道這一切，回來時仍然得意洋洋，以驕傲的神色對待妻妾。由君子看來，人們用來追求升官發財的方法，能使他的妻妾不感覺羞恥、不相對而泣的，實在是太少了啊。（《孟子・離婁下》）

孟子講的不只是一則寓言、一個故事。人當然要追求富貴功名，但手段要正當，因為人格的尊嚴更可貴。我們要記得，學習儒家之後如何處世？維護人格尊嚴，冠冕堂皇而光明正大。如果卑躬屈膝，忘記自己的人格尊嚴，欺上瞞下取得利益還很驕傲地向人炫耀，那就太可恥了。然而這種毛病很容易出現，我們也難免有類似的想法與做法。記得以前回到父母家，我總是吹噓在外面如何如何，還好父母不見怪，總以慈愛的眼光看著我，也顯得很高興。年紀漸長我才發現，如果所做的事對社會有益，又能盡心去做而問心無愧，才是最重要的。

學習孟子的思想，有如多了一面鏡子映照自己。真正學會孔孟之後，這鏡子看起來是很清楚的。學習老莊，心中也會有一面鏡子，可以照見所有的東西。儒家的鏡子可以照見自己，道家則用來照見別人。孟子使用各種寓言、格言、比喻講了很多有趣的故事，他所要說明的，是每一個人都有其生命價值，所以要珍惜生命。有個國君廚房裡有肥肉，馬廄裡有肥馬，卻讓百姓在路上餓死，這即是「率獸食人」。

孟子強調每一個人的生命都有同樣的價值，因此他反反覆覆對那些權貴直言諫諍、批其逆鱗，希望這些逆耳忠言能讓統治者尊重每一個人。像民本、尊重人權等思潮，其實早已存在於儒家思想裡了。中國文化的可貴之處就是儒家展現的人文精神，強調在尊嚴與價值上人人平等，每一個人的生命都值得重視。但值得重視的主要不在於他是一個人，更在於他可以受教育，受了教育之後，懂得人生道理，然後知道要修養言行，讓自己成為一個可尊敬的人。

孔子說：別人不了解我，不必生氣，我要問自己夠不夠資格讓別人了解；別人不了解我，沒有關係，我不了解別人，才需要擔心。孟子肯定人的生命，但同時提醒人還要往上提升，透過教育不斷自我修行，培養浩然之氣。孟子思想的獨特之處在於他的修養如何達到浩然之氣，以及他對人性的理解，從人性向善到擇善固執、止於至善。

最後，孟子所謂的「大丈夫」有何特色？做任何事都能找到正當方法，對自己與別人能夠承擔責任，面對生活條件的改變，如富貴、貧賤、威武，都知道該怎麼做、該堅持哪些原則。經過外在的檢驗及洗練之後，才能覺知自己的內在，是真金還是摻了雜質的金。孔子過世之後，弟子守喪三年後準備離去，走進子貢住處作揖告別，相對痛哭後才各自回家。子貢又回到墓地重新築屋，獨居三年。一段時日之後，子夏、子張、子游認為有若的言行舉止很像孔子，就想用事奉孔子的禮節去事奉他，並且勉強曾子同意。曾子說：「江漢以濯之，秋陽以暴之，皜皜乎不可尚已。」曾子說：不行，我們老師有如經過江水、漢水洗滌過，盛夏的太陽曝曬過，潔白明亮無以復加了！（《孟子・滕文公上》）也就是說，沒有人比孔子更潔白更明亮。儒家相信：人人心中有孔子、人人心中有孟子。能領悟他們的生命精神，就會肯定人的價值與尊嚴由內而發。

主題二：性善不是幻想

第一講：理解人性的關鍵

孟子有關人性問題的討論是既專業又深刻的。自古以來，人們總是會關心什麼是人性。即使如此，也未必能得到共識，不同宗教的人性觀就各有所見。哲學是對人生經驗所做的全面反省，在判斷人的各種行為時，都需要有個標準，但標準是誰定的，又要由誰來判斷，則很難有普遍的答案。不同的時代、不同的社會，對於同一行為的評價，經常會有善惡混淆的情況。

為什麼對人類要分辨善惡呢？因為人有自由。自由使人類與其他生物顯示最大的差別。人類之外的生物，都是靠本能活著，從生存、繁殖，到行動模式，都可以預測。馴獸師馴服兇猛的野獸，讓牠們表演給人看，但卻無法保證牠們不會露出本性。很多馴獸師就死在他所馴服的野獸爪下或口中。他們其實知道自己只能暫時壓制動物的本能。

西方有一位畫家，想畫一系列耶穌的生平故事。他找了一個外表純潔可愛又天真善良的人，當作耶穌剛傳教時所遇到的年輕人。耶穌很喜歡這個年輕人，對他說：「回去把家產變賣了，來跟隨我吧！」年輕人家裡很有錢，不願意這麼做，就離開了。

事隔多年，畫家要畫「最後的晚餐」。耶穌有十二個門徒，出賣他的叫猶大，他找到擔任猶大的模特兒。結果，畫到一半這個人哭了，別人問他原因，他說：「我就是幾年前那個年輕純潔的模特兒。」幾年之內，一個人從純潔可愛、天真善良的年輕人，變成一個面目猙獰、作惡多端的人。這就是真實人生的一幕。當然，有些人誤入歧途，後來改過遷善。人的可貴就在於具有高度的可塑性，好的時候像天使，壞的時候比魔鬼還可怕，這全是因為人有自由。

人有本能之外，還有思考、選擇、判斷的能力，幾乎可以做任何事情。不過重要的不是做了什麼，而是後果能否負責？是行為所產生的效果稱為善惡，還是行為的動機稱為善惡，這是很複雜的問題。西方哲學家討論人性時，總先分析人類社會的現象。有什麼樣的人性，才會表現什麼樣的社會現象。但我們看得到現象，卻看不到人性。因此，了解人性就變得很困難，需要特別的洞見。

基督宗教相信人有原罪，用此解釋人間的罪惡。如果人有原罪、人性毀壞了，那麼如何行善呢？基督宗教認為，信上帝就可以行善了。佛教認為人生的煩惱都來自於執著，把假的當真的，把錯的當對的。所以佛教說緣起性空，只要覺悟沒有自我，就不會有自我的執著。佛教認為人若覺悟就不再輪迴，不過這個門檻非常高。有一位佛教高僧說二十世紀的一百年裡，能夠覺悟而不再輪迴的，只有三、四個人。

宗教有這一類說法，哲學家則不然，哲學家首先要重視經驗。譬如，主張人性是一張白紙，社會則是個大染缸，「染於蒼則蒼，染於黃則黃。」（《墨子・所染》）但這種說法說服力不夠，如果後天環境是決定一個人善惡的主因，那麼人應該為自己的行為負責到什麼程度呢？

先不要想像人有絕對自由，絕對自由或完全的自由是個抽象概念，根本不切實際。自由只存在於人能力所及的範圍裡，如果沒有這個範圍，自由是空洞的；有了這個範圍之後，則要看以什麼規則來運作。所以儒家談到教育，就不可能說人性本善；倡言人性本善與主張人有原罪，這兩者基本上沒有差別，都是先設定人生來就有某種道德價值，不論其為正面或反面。可是，人之初生，尚未經過自由選擇也尚未付諸具體行動，又哪有善惡可言？

近代以來，西方學者強調「善不能定義」。什麼是善？善即是惡的反面；什麼是惡？惡就是善的反面。這是無效的循環論證。西方社會經過一千多年基督宗教的陶冶，使他們相信人是軟弱的，所以制定法律時也預先假設人會犯錯，所以要用各種法律來加以限制。但是人一旦上了法庭，就要做「無罪推定」，亦即未經審判前，先推定被告無罪，除非能證明他有罪。西方社會認為「宗教是道德的基礎」，一個人行善，是因為信仰宗教，不論世間有無善惡報應，到了死後總是會有報應的。

西方哲學史上公開說過人性本善的，只有盧梭一人。他說的也是假設命題，他認為原始人與動物一樣，沒有行善的必要，也沒有為惡的可能。如果人沒有私產觀念，肚子餓了看到水果就摘來吃、口渴了看到水就直接喝。但是一有私產觀念，樹上的水果就不能隨便吃了。他認為，人類社會的罪惡，就是從人有了私有財產之後才演變出來的。西方哲學家談到人性，有時會直接用宗教的說法來解釋，因為人性屬於本體層次的問題，用一般語句很難說清楚。

孟子專門挑戰這種最嚴格、最複雜的問題。如果不說清楚人性，就很難回答為什麼人要行善避惡。這樣如何辦理教育呢？如果人沒有接受教育，難道就不能為善嗎？人以外的生物只有本能，生下來是什麼就是什麼，貓無論如何都不可能變成獅子。不過，教給一個人正確的觀念，真的可以引導他走上正途。沒有人會否認後天習慣與環境的力量。美國行為科學派的心理學家發出豪語說，把一個嬰兒交給他們，將來可以讓他成為聖徒，也可以讓他成為匪徒。但這種說法未必正確。行為科學派的心理學家的做法，是製造各種情境，以制約人的反射動作，由此形成人的某種性格，但這未必可以成立。對一般動物也許可以如此，但卻無法控制或掌握一個人。有人說「苦媳婦熬成婆」，有兩種可能的發展：一、心存報復，虐待自己的媳婦；二、將心比心，對媳婦特別好。如果依行為科學派的觀點來看，第二種情況就違背規則了。因為人類不是一般的生物。

《論語》正式談到人性的，只有一句話。《論語・陽貨》裡，孔子說：「性相近也，習相遠也。」宋朝哲學家程頤、朱熹等人主張人性本善，就認為孔子此處說得不夠清楚，應該說「性相同」。不過孔子並未明言人性本善。宋朝學者把人性分為兩種：一是天地之性，或稱天理，當然是善的；另一是氣質之性，即人生下來之後，身體的本能欲望所造成的特質，叫作氣質。但是你見過沒有身體或氣質的人嗎？孔子說「君子有三戒」，所指的就是血氣問題，因此人性不可能是本善的。善是一種德行，任何德行一定是透過自由選擇的行動才能呈現。人一出生就說他本善，是沒有意義的，因為找不到對照的參考點。生下來就具備的，不叫價值，而是事實。所以西方學者認為，不能說一個人生下來是善或是惡，如果這麼說，那就是宗教信仰。

孔子說性相近，是因為他知道人性不是本善的。學習儒家，應該要本著孔子、孟子的思想。程頤、朱熹的思想無法講明白為什麼人間會有罪惡，而後發展到王陽明，他的學生甚至說滿街都是聖人。宋朝學者主張人性本善，主要是為了回應佛教的挑戰。佛教的理論建構非常完備，從三論宗、天臺宗、法相唯識宗，一路到華嚴宗與禪宗。佛教的基本教義是性空，宋朝學者則認為性不能空，一定要實，既然孟子講過「性善」，所以就順勢肯定人性本善了。

幾希：人與禽獸之異，在心不在身

孟子說，「人之所以異於禽獸者幾希」（《孟子・離婁下》），人類與禽獸的差別只有一點點。他說：「庶民去之，君子存之。」換句話說，一般百姓把這一點點差別去掉，就與其他生物沒有什麼不同了，君子則保存了這一點點差別，因而成為君子。他舉舜做例子。舜年輕時住在深山裡，同樹木、石頭一起居住，與野鹿、野豬一起遊玩，和深山裡的野人（純樸單純的老百姓）差別也是「幾希」。但是，舜後來聽到一句善的話、看到一件善的行為，內心忽然發出很大的力量，洶湧澎湃不能阻擋，然後就去行善了。這說明，要看到善的行為、聽到善的言語，才會引發內心的力量。所以人與禽獸的差別，在於人聽到善的言語、看到善的行為，內心會有一種力量自動引發出來，讓我們去效法，效法之後的言行表現才可以稱為善。

學習孟子，要清楚了解此處所說的善，是指行為。如果善指的是行為，就沒有理由再主張人性本善，因為行為是要具體做出來的，與人性本善的想法根本無法相容。這是了解孟子思想的關鍵。孟子把人的身體當作小體，人的心當作大體，小代表次要，大代表重要。身體為什麼是次要的？因為動物也有身體。所以，重要的是人有一個心。人的心可以思考、反省、選擇、行動。但是，心有時候會不知不覺跟著身體走。心如果自覺反思，就知道自己不能跟著本能走。孟子說：「養其小者為小人，養其大者為大人」（《孟子・告子上》），小人只注意到身體的需求，吃飽喝足，每天好好過日子，不去思考；大人則常常在問人生怎麼做才對，該如何與人相處，存思這些問題，就是「養其大者」。所謂大人，是就德行完備的人格來說；而小人是就他沒有志向來說，人生就只是過日子而已。如果想了解人性，一定要從人與動物的差別來看。人有身體，動物也有，這顯不出人的特色。兩者的差別在心不在身。把握住這個差別的，就是君子；反之，則是小人。

孟子對人充滿信心，但教學並不容易。當時有不少人也想向他學習，不過似乎腦袋不太靈光。曹交請教說：「每個人都可以成為堯、舜，有這樣的說法嗎？」孟子說：「有的。」曹交說：「我聽說周文王身高十尺，商湯身高九尺，現在我有九尺四寸高，卻只會吃飯，要怎麼辦才好？」孟子說：「這有什麼困難？只要去做就行了。如果有個人，力氣提不起一隻小雞，那他就是沒力氣的人；如果說能舉起三千斤的東西，那他就是有力氣的人。既然如此，只要能舉起烏獲舉過的重量，也就可以成為烏獲了。一個人要擔心的，難道是不能勝任嗎？只是不去做罷了。慢慢跟在長輩後面走，叫作悌；快步搶在長輩前面走，叫作不悌。慢慢走，難道是一個人不能做到的嗎？不去做罷了。堯、舜的正途，不過是孝與悌而已。你穿上堯所穿的衣服，說堯所說的話，做堯所做的事，這樣就成為堯了。你穿上桀所穿的衣服，說桀所說的話，做桀所做的事，這樣就成為桀了。」曹交說：「我準備去謁見鄒君，向他借個住處，希望留在您的門下學習。」孟子說：「人生正途就像大馬路一樣，怎麼會難懂呢？只怕人們不去尋找而已。你回去自己尋找，老師多得很呢。」（《孟子・告子下》）孟子要曹交真誠面對自己的內心，老師就是自己的心。他的意思是：只要真誠，內心就會告訴自己該怎麼做。但是孟子從曹交提出的問題，大概知道這個人不容易明白深刻的道理。事實上，真誠固然重要，老師的教導也是不可或缺的。

良知良能：人「能」知善與行善

很多人把孟子的人性論理解為本善，因為孟子說過「良知良能」：「人不經學習就能做的，那是良能；不用思考就知道的，那是良知。年幼的孩童，沒有不知道要愛慕父母的；長大以後，沒有不知道要敬重兄長的。愛慕父母，屬於仁德；敬重兄長，屬於義行；這沒有別的原因，因為這兩種品德是天下通行的。」（《孟子‧盡心上》）

良知是善的嗎？其實良知不是善的，良知是對善的要求。注意「要求」兩字，人有良知，代表有對善的要求，良知只要清明，要求就會由內而發；只要真誠，要求由內而發，就能主動行善。相反的，就算人有良知，但還是會做壞事，這就是昧著良知，糊里糊塗。因此「良知良能」本身不是善的，而是對善的要求。孟子認為，人有選擇能力，這個能力會引導人行善，這才是人性根本的意義。我研究儒家幾十年，最大的發現就是「人性向善」。「向」是力量，人生在世，有一種力量由內而發，這個力量稱為「向」，前提是必須真誠，如果不真誠，力量不會出現。糊里糊塗過日子，哪裡有力量呢？想吃就吃、想喝就喝，看到人何必客氣呢？但如果真誠，看到人都會想用適當的方式同他來往，這就是力量由內而發，要求自我做該做的事，也就是孟子的思想。

人性看不到、摸不著，用言語也不容易解釋，只好使用比喻。孟子最喜歡的比喻是火開始燒，水開始流。火向上燒，水向下流。他還有一個更生動的比喻：「獸之走壙」（《孟子・離婁上》），野獸在曠野奔跑，仁政能使百姓像野獸在曠野奔跑一樣，歸向那位好國君，這都是因為人性向善。水開始往下流，火開始往上燒，都是在描述一種力量。由此可知人性是動態，而非靜態的，人性是具有某種可能性、某種力量的。

很多人問，向善固然說得通，向惡好像也說得通。請大家思考一下。假設有個人在晚上自省，這一天竟然沒有打人、罵人、殺人放火，心裡覺得很難過，這表示人性向惡。也有人在晚上自省，今天沒有孝順父母、友愛同學、尊敬師長，心裡覺得很難過，這表示人性向善。請問哪一種是正常情況？當然是人性向善。不能因為社會上有壞人，出現幾個負面例子，就證明人性向惡，而應該以多數平凡人為標準。哲學思考的困難就在這裡，要以正常作為標準，才能解釋例外；如果以例外作為標準，終究是無法說清楚的。因此關鍵在於心裡安不安、忍不忍。孔子談三年之喪，強調心裡安不安？孟子問，看到別人受苦，心裡忍不忍？看到別人受苦而毫無感覺，孟子說這是「非人也」。孟子是哲學家，他洞見（insight）人性裡面是什麼，看到裡面之後，才不會對人失望。有些人接觸的環境可能是壞人比較多，做壞事也沒有不安之感，因而覺得人生好像不必上進。但他內心也許對這些人與這些作為不以為然，這代表一個轉機。事實上，很多人做了壞事以後，內心不安，他們賺了黑錢，就捐給功德會、宗教團體，不敢具名，讓心裡好過一些，這代表人性還是向善的，所以不要對人性失望。

人無教育，則近於禽獸

孟子身為老師，只有自暴自棄的人他不願教。自認是壞人，不能行善、行仁、行義，就是自暴自棄者。西方學者談人性，有的會贊成結果論，亦即做一件事有好的結果，就認為那是善的行為。但結果好就表示那是善行嗎？對誰好？能好多久？哪一個壞人不是從小的壞事做起，如果沒有轉折點，恐怕要改變很難；同樣的，人行善也是從小事開始，所謂「勿以惡小而為之，勿以善小而不為」（劉備告誡兒子的話）。孟子的思想很合理，他不只認為人性向善，還強調後天習慣的養成、環境社會的影響。我們對孟子的誤解，來自於《孟子》一書編輯的順序，〈梁惠王〉、〈公孫丑〉、〈滕文公〉，前三篇談實際的政治情況與經濟改革，但是政治、經濟容易過時，農業生活、封建社會離我們太遠了。今天的人有充分的自由與自主，可以選擇自己的生活方式，因此讀《孟子》前三篇會覺得與我們無關。但從〈離婁〉、〈萬章〉，到〈告子〉專門談人性，就會發現其中的思想超越了特定的時代與社會，而與每一個人的自我抉擇有關。

告子這個人在《孟子》裡相當重要，告子說的「食色性也」（《孟子・告子上》），常被誤認為是孔子說的，這真是遺憾。我在美國念書時，利用週末去逛書店，有一次在書店門口看到很多書籤，其中一張就寫著這句話，還譯成英文："Confucius said, eating and sex are human nature." 當時應該買下來作為證據。這句話是表面的描寫，只把人看成動物的一種，顯然無法凸顯人的特色。

告子和孟子辯論了好幾次，有一次告子說：「人性就像杞柳，義行就像杯盤；以人性去做到仁德義行，就像以杞柳去做成杯盤。」孟子說：「是順著杞柳的本性去做成杯盤，還是要傷害它的本性去做成杯盤？如果要傷害杞柳的本性去做成杯盤，那麼也要傷害人性去做到仁德義行嗎？帶領天下人去毀損仁德義行的，一定是你這種說法啊！」（《孟子‧告子上》）

杞柳是一種樹的枝條，很柔韌，古人把這種枝條捲好之後上漆，做成器具。告子認為讓人行仁義，就好像把這種枝條做成杯盤，太勉強了。於是孟子問他，請問：把杞柳的樹枝拿來做成杯盤，是順著樹枝的本性，還是戕賊、傷害它的本性？以此來思考：人行善是順著本性，還是違背本性？如果要違背本性才可行善，那麼何必叫人行善？如果行善是順著人性，那麼有什麼不對呢？如果順著樹枝的本性做成杯盤，樹枝不會反對，並且對人類也有用；如果還得用火燒、用刀子砍，慢慢折磨枝條才做成杯盤，那就太痛苦了！

如何理解人性？這在古今中外都是個難題。人性本來就很複雜，所以孟子要用各種比喻回答這個問題。若說人性向善，為何我常常會想做壞事？若說人有原罪，為何我早上起來感覺良知清明，想做好事？每個人都有各種複雜的、矛盾的經驗，但哲學家卻不能因而說「善惡相混」，或主張人性有善有惡。所有對人性的看法，最後都要回到一個問題：為何人應該行善避惡？先不問如何界定善惡，若不了解人性就無法回答這個問題，而只能從外加以限制。若從外加以限制，而使許多人陽奉陰違，最後整個社會將會瓦解。因此孟子從正面思考人性問題，他指出：了解人性的關鍵在於心，人心有四端，只要從四端去了解，就知道何謂人性向善。

第二講：心之四端

孟子談人性，提出「心之四端」，就是每一個人的心都有四種開端，有如四種萌芽等著去發展。真誠自覺是關鍵。「乍見孺子將入於井」，假如忽然看見一個小孩快要掉到水井裡，所謂「忽然看見」，表示事先沒有心理準備，自然會產生「驚恐憐憫」的心。一方面很驚恐，小孩子快掉到水井裡了；一方面很憐憫，真是不忍心看到這種事情發生，這時要自問，為什麼會有這種驚恐憐憫之心呢？不是想藉此和孩子的父母攀結交情；不是想在同鄉裡博取好名聲；也不是因為討厭聽到小孩萬一掉進水井後的哭聲。沒有任何動機，人就是自然會湧現驚恐憐憫之心。

真誠自覺：乍見孺子將入於井

西方對這些問題有類似的討論。店家在門上貼「童叟無欺」，有兩個可能：第一，為了以後生意長長久久，所以童叟無欺是手段、方法，為了讓生意更好；第二，真正相信應該童叟無欺，不是為了任何目的，童叟無欺是一種道德法則，應該遵守。第二種說法接近孟子的想法，不為任何目的，而是本應有這樣的反應。

美國一位教授主張人都是利己的。他反對利他，覺得利他太不自然了，幫助別人是否有別的目的呢？有一天他走在街上，聽到路邊一個乞丐大聲喊：「可憐我吧，給我錢吧！」聲音很淒厲，教授就掏了幾塊美金給他，他的學生看到這一幕，立刻上前說：「老師主張利己主義，剛才為什麼把錢給乞丐呢？」教授說：「我還是利己，因為他的叫聲太難聽、太可怕了，想叫他閉嘴就只好把錢給他。」這正好異於孟子假設的第三點，「因為討厭聽到小孩的哭聲才驚恐憐憫」，而這種說法屬於效益主義，與儒家大異其趣。不過，西方學者也要求言行合一，不能上課時說人是自私的，出了教室後到處幫助別人，那不是言行矛盾嗎？

我們今天對孟子所舉的「乍見孺子將入於井」的例子沒有深刻的印象，因為現在找不到水井了。所以要從一般情況來說，即使看到不認識的人遇上危險或受苦，心裡就覺得不忍，這是人類的天性。

亞里斯多德在《詩學》裡談到悲劇的目的，就是要引發一個人的恐懼和憐憫之心，因為這兩種心是最自然的，和孟子所講的類似。看到一個人受難，若不憐憫他，自己就有同謀的嫌疑，因為只有同謀的人才希望看到他受難。什麼是恐懼呢？發生在別人身上的事，也可能發生在我身上，像許多不可知又無奈的命運，確實讓人恐懼。孟子和西方文化沒有任何的交流，他從對人性的觀察也可以看到這些。

心之四端：惻隱、羞惡、辭讓、是非

孟子所謂良知的要求，要從心之四端去理解。四端是：一，惻隱之心，就是憐憫心，看到別人受難，心裡覺得同情。二，羞惡之心，羞是害羞，惡是厭惡，看到壞事覺得可恥與厭惡。三，辭讓之心，推辭禮讓，看到有德者或長輩就推辭禮讓。四，是非之心，在判斷是非對錯時，每個人心中都有一把尺。「惻隱之心」、「羞惡之心」、「辭讓之心」、「是非之心」即是心之四端。這四端像是心的四個箭頭，端看碰到什麼情況而發出來。孟子說，一個人心中有四端，就好像他有四體。但孟子並沒有說，人有仁義禮智，就好像有四肢一樣。仁義禮智是四善，是由心之四端擴充發展實現而成的。

善是仁義禮智，而人性只有四端。端就是開始、萌芽，有了四端，才能做到仁義禮智。孟子主張仁、義由內而發，告子主張仁由內而發，義由外而來，他們展開了辯論。告子說：「食欲與性欲是人的本性。仁德發自內在，不是外因引起的；義行由外因引起，不是發自內在的。」孟子說：「憑什麼說仁德發自內在而義行是外因引起的？」告子說：「我尊敬長者，不是我預先就有尊敬長者的念頭；就如一樣東西是白的，我就認為它白，這是由於白顯露在外，所以說是外因引起的。」

孟子說：「白馬的白，與白人的白沒有區別；但不知道對老馬的尊敬，與對長者的尊敬也沒有區別嗎？再說，所謂義行，是在於長者呢？還是在於尊敬長者的人呢？」告子說：「是我的弟弟，我就愛他；是秦國人的弟弟，我就不愛他，可見這由我來決定，所以說仁德是發自內在的。尊敬楚國人中的長者，也尊敬自己的長者，可見這由長者的關係來決定，所以說義行是外因引起的。」（《孟子・告子上》）

最後孟子用非常落實的比喻反問告子：「愛吃秦國人做的燒肉與愛吃自己做的燒肉，是沒有什麼區別的，其他事物也有這種情況。那麼，愛吃燒肉也是外因引起的嗎？」孟子常說：「飢者易為食，渴者易為飲。」重要的不是外面有什麼好吃的，而是你有沒有食欲這種需要，需要是由內而發的。孟子認為義行與仁德一樣，都是由內而發，譬如，尊敬長者的心思是內在的，而判斷誰是長者則是外在的，若無內在，則外在只是偽裝與作秀而已。我們又怎麼會把偽裝與作秀看成義行呢？反之，以內在為基礎，表現於外則是適當的義行了。

支持告子的學者孟季子，也和孟子的學生公都子辯論。孟季子認為義行是外因引起的，而不是發自內在的，「例如人在與自己的大哥和鄉里的長者一起飲酒時，雖然內心尊敬大哥，但還是會先幫長者斟酒。」公都子回來請教孟子該如何答。孟子就用弟弟擔任受祭的代理人時，因為處在該受尊敬的地位，所以被人尊敬。孟季子聽說了這番話，就說：「該尊敬叔父時就尊敬叔父，該尊敬弟弟時就尊敬弟弟，可見義行果然是外因引起，不是發自內在的。」公都子說：「冬天要喝熱水，夏天要喝冷水，那麼飲食也是外因引起的嗎？」這當然不是由外在情況決定的，而是先口渴才需要喝水。

說到儒家的仁與義，兩者確實不太一樣。仁是真誠之心產生的自覺，讓人願意做好事；義代表適宜的「宜」，行為是否適宜，要考慮外在情況，所以「義」字作為「宜」來說，具有變化性。譬如，夏天到了，穿短袖襯衫很適當；冬天還這樣穿，不是容易感冒嗎？適當就是要配合外在的情況，但如果沒有發自內心的情感，所有外在的行為，即使適當，也都只是做戲而已。

善在於：仁、義、禮、智

孟子說：「順著人性的真實狀態，就可以做到善，這便是我所謂的性善。至於有人做出不善的事，那不是天生資質的過錯。憐憫心，每個人都有；羞恥心，每個人都有；恭敬心，每個人都有；是非心，每個人都有。憐憫心屬於仁德，羞恥心屬於義行，恭敬心屬於守禮，是非心屬於明智。仁德、義行、守禮、明智，不是由外界加給我的，而是我本來就具備根源的，只是沒有去省思罷了。所以說：『尋求就會獲得它們，放棄就會失去它們。』」（《孟子・告子上》）

四端是向著仁義禮智四善的內心要求，具體實踐出來的即是仁義禮智，也就是善。孟子說：「惻隱之心，仁之端也。」惻隱心是行仁的開端，而不是等於已經行仁；「羞惡之心」是義（正當行為）的開端；「辭讓之心」是禮（禮節禮貌）的開端；「是非之心」是智（明智）的開端。開端不等於完成，不等於結果；有善的動力，並不等於做到了善。一位哲學界的朋友問我：「你說人性向善，並且要有行為才叫善。那麼如果一個年輕人看到老太太上車，心裡不忍，此時他卻全身麻痺不能讓座，沒有做到善的行為，請問這個年輕人是善還是惡？」我的回答很簡單：「年輕人看到老太太上車時，想要讓座，這代表人性向善；但是在他想讓座的那一剎那全身麻痺，代表他是個殘障者，也就沒有讓座的問題了，也就不需要在意沒有做到善。所有的道德行為，都必須有能力做，才有應該做的問題；沒有能力做，就不必想該不該做。」這是儒家思想，很合理的。

再說孝順，若說一個人沒有能力孝順，那就讓人不解了。孟子說「孝」與「悌」，孝順父母是每一個人都做得到的，不是不能，而是不為。為長者折枝，為老前輩勞動手腳，提供一些服務，但你手腳正好受傷，這樣老人家也不會責怪你。儒家講人性，我們一定要明白，善在於行為，沒有行為就不能稱為善。只是，什麼是善的行為？西方學者認為善不能定義，難道儒家認為善可以定義嗎？在此我要特別說明，定義一個概念時，只要是經常使用的，就有約定俗成的使用方式，這叫作操作性定義。既然大家都說善，善怎麼可能沒有定義？如果沒有定義，概念模糊，那麼誰能判斷誰在行善？

孟子談到善的行為時，特別提及「孝悌忠信」四字。儒家講善，一定是講我與特定的人之間的適當關係。譬如，「孝」是我與父母之間適當關係的實現；「悌」是我與兄弟姊妹之間適當關係的實現；「忠」是我與老闆、長官之間適當關係的實現；「信」是我與朋友之間適當關係的實現。而離開人群，就沒有善惡的問題。所以儒家沒有關起門的聖人，要成為儒家，就要打開門與人互動。所有人與人之間的關係都沒有中間地帶，不過你可以說：我是一個好的朋友，但是還可以做得更好；我孝順父母，但是還不夠，還可以做得更好。

假設我像魯賓遜一樣漂流到荒島上，那麼我是好人還是壞人？有人說我是好人，因為我很慈悲，我替一隻受傷的鴿子包紮傷口；但是第二天覺得飢餓，就把鴿子烤來吃了，那麼我是壞人嗎？一個人在荒島上時，只能問是活人，還是死人。如果出現其他人，彼此交往時，就可以問是好人還是壞人？是好朋友還是壞朋友？善惡是在人群裡才能理解的概念，離開人群即沒有善惡可言。

講到善，宗教界與哲學界都是一樣的，要從人與人互動開始。如果愛護鬼神超過愛護活人，就是顛倒錯亂。《論語‧先進》有一段資料可供參考。子路請教如何服侍鬼神。孔子說：「沒有辦法服侍活人，怎麼有辦法服侍鬼神。」子路又問：「膽敢請教死是怎麼回事？」孔子說：「沒有了解生的道理，怎麼會了解死的道理。」把善放在人我之間，孔子才要立志「老者安之，朋友信之，少者懷之」（《論語‧公冶長》），這是連貫的思想。

儒家思想非常具體，把善界定在人我之間，行有餘力才去照顧動物。我在美國念書時，有一年住在學校宿舍。一天，餐廳裡來了一隻貓，很多人興奮的餵貓吃東西，但那隻貓沒人照顧，一星期後就傳出難聞的味道了。有人說貓不應該在這裡，於是同學們開始辯論。他們找研究哲學的我來評理，但不論採取什麼立場，總會有另一半人反對。於是我說：「這是學生宿舍，對貓好而妨礙任何一個學生，就代表你忽略了他的權益。他是來念書的，並且不見得每個人都喜歡貓。如果喜歡貓的人能夠替貓洗澡、照顧牠，帶進自己的房間最好。」大家聽了以後覺得合理，事情就解決了。任何理論都不應該一廂情願，而要落實於生活中。我在社會上與人相處，完全遵照儒家的原則，以互相尊重為立場，「己所不欲，勿施於人」（《論語・衛靈公》），人類的言行應該合乎理性，使人與人之間的關係得到適當發展。

孟子的思想很清楚，他認為，善在於行為，而善端則在內心，如此就可以把人的內心與外在行為連接起來了。真誠會引發內心的力量，讓我們主動去行善。如果別人叫我行善我才去行善，那個效果與我自己主動行善是不同的。小時候父母叫我們聽話、老師叫我們做好人，我們照著做；如果父母、老師不在身邊，我們就不一定做了，因為那是外在、被動的行善，而非內在自覺由真誠的心要求自己行善。人如果永遠依賴外在要求而行善，根本不會成長，也無法獨立作為一個人。這種情況很多，所以人生就要在此下功夫。美國做過一項調查，如果你可以隱形，想做什麼事？百分之八十的受訪者想搶銀行。人類的弱點與劣根性一直存在。柏拉圖《對話錄》曾記載一個故事：一位牧羊人無意間找到一枚戒指，戴上戒指後竟然變成隱形人，於是他就用這種能力謀殺了國王，竊取王位。儒家了解人性的弱點，我們從孟子對人性的看法，知道儒家的觀點指出，人格尊嚴不在於別人叫我做什麼，而是我自己主動去做什麼，對於行為結果也可以自主承擔其責任，這就是人的生命特質所在。

孟子所說的四端，只是個開始，如果將四端推廣出去，就能保住天下。孟子將這些觀念傳達給政治領袖，希望他們做到「老吾老以及人之老，幼吾幼以及人之幼」。人有好色的需求，就讓每一個人都得到適當的滿足；喜愛財物，就讓每一個人都無所匱乏；喜歡勇敢，就讓每一個人都走上正當的勇敢之途。相反的，若四端只是藏在心裡而沒有向外推，等於手腳不肯動，連孝順父母也做不到了。

儒家認為，愛是有差等的。差等是按照彼此關係的親疏遠近，來表達對他人情感的深刻或淡漠。有人說，儒家思想好像比不上墨家的「兼相愛，交相利」。以平等之心愛每一個人，有利益則大家共享。這聽起來很好，但誰做得到呢？孔子說：「道不同，不相為謀。」（《論語・衛靈公》）志趣不同，多說無益，也無法共事。孟子則是非辯不可，不辯就沒真理可言了。孟子極力批判楊朱、墨翟。墨翟的學派「摩頂放踵」，頭髮掉光了、腳都受傷了，仍要利天下。楊朱學派則是「拔一毛利天下而不為」，拔一根毫毛就能對天下有利，都不願做。如果每個人都能照顧好自己，天下也可以相安無事，這在理論上或許說得通，但卻根本行不通。有些人生下來就生理或心理傷殘；小孩與老人也需要人照顧。

墨家是古代最保守的學派，提倡「明鬼」，相信鬼神會保護好人、懲罰壞人；肯定「天志」，亦即天的意志是要人類和睦相處。墨家對所有的人一視同仁，對自己的父母與別人的父母也平等看待。假設在車上見到兩位老人家，一位是自己的父親或母親，另一位是鄰居的父親或母親，這時該怎麼辦？因此孟子說：「楊氏為我，是無君也；墨氏兼愛，是無父也。無父無君，是禽獸也。」（《孟子・滕文公下》）

自古以來，從未有人如此批評過墨家。不過，孟子是哲學家，哲學家就應該將任何理論推演到合乎邏輯的結論。而什麼是合乎邏輯的結論呢？楊朱不願意為天下人做任何事，只考慮自己的需求，是徹底的利己主義者。這樣的人自然會逃漏稅，不會在乎政府能否運作，所以孟子說他是「無君」。墨子對人一視同仁，對自己的父母也沒有特別照顧，這不是「無父」嗎？「禽獸」並不是罵人的話，只是描寫現狀。動物沒有父母或國家的觀念，只有群體生活的需求。一隻猴子在猴群裡稱王，但老了之後，年輕猴子稱王，並不會尊敬老猴子。墨子對自己的父母與別人的父母一視同仁，聽起來似乎很高尚很偉大，但這是違反人情的，那不就與動物一樣了嗎？動物剛出生時或許有其親子關係，但一段時間之後就消失了。

莊子也說，人活在世界上，「命」與「義」是無法避免的。命，即是子女愛父母；義，即是身為百姓，上有國君。一個是家庭，一個是國家，沒有國，哪裡有家呢？這是很自然的需求，莊子肯定人要有家、要有國，儒家也是如此，並進一步發揮這個道理，如何從真誠開始，做該做的事，實現仁義禮智。

有人覺得這樣有些複雜。我們再次強調，堯舜之道不外乎「孝悌」。「孝」，從孝順父母開始；「悌」，從友愛兄弟姊妹開始。由孝，推出仁德；

由悌，推出義行。什麼是「老吾老以及人之老，幼吾幼以及人之幼」？照顧好自己的父母，若有餘力，再照顧別人的父母；照顧好自己的子女，若有餘力，再照顧別人的子女，這即是愛有差等，符合人性自然的情感。儒家的觀念很踏實，符合我們的生活經驗，也能回應自然情感的要求。

譬如，看到父母難過，自己也跟著難過；看到別的老人家難過時，則先問他為什麼難過，有時候也愛莫能助。如果看到別人難過，自己也難過，那麼永遠無法過快樂的日子了。所以孟子說：「樂以天下，憂以天下。」（《孟子・梁惠王下》就是以天下之樂為樂，以天下之憂為憂。天下人快樂，我同他們一起快樂；天下人憂愁，我同他們一起憂愁。這句話符合「人性向善」的說法。但范仲淹說「先天下之憂而憂，後天下之樂而樂」，這就超越儒家的理想了，聽起來很好，但根本做不到。儒家不說做不到的事，儒家學說是一套符合人性、配合人性所建立的社會規範。

倫理規範的基礎在於心理的情感關懷，心理的情感關懷再回溯到生理上的需求，這就與孔子在《論語》討論「三年之喪」時說的一樣。孟子把孔子的思想說得更清楚，並提出人的心有四端，此四端才是人性特質之所在。四端如同人的四肢，是生來就有的，而仁義禮智則是發揮四端之後所實現的善的行為。如此一來，人類社會才可能具體改善。孟子說人性向善，所以要努力擇善固執，最終止於至善。這樣整套儒家思想就完整呈現了。

第三講：人性向善

孟子的人性論立場很明確，就是「人性向善」。在〈告子上〉，他說：「魚是我所想要的，熊掌也是我所想要的；兩者如果不能一併獲得，就放棄魚而選擇熊掌。生存是我所想要的，義行也是我所想要的，兩者如果不能同時兼顧，就放棄生存而選擇義行。」「一簞飯，一碗湯，得到就能活，得不到就餓死。但如果吆喝著施捨給人，就是過路的餓人都不會接受；如果用腳踩過再施捨給人，就是乞丐也會不屑一顧。」

有關「就是過路的餓人都不會接受」，《禮記・檀弓》有一段類似的故事：「齊大饑，黔敖為食於路，以待餓者而食之。有餓者蒙袂輯屨，貿貿然來。黔敖左奉食，右執飲，曰：『嗟！來食！』揚其目而視之，曰：『予唯不食嗟來之食，以至於斯也。』從而謝焉，終不食而死。」齊國發生嚴重饑荒，黔敖在路邊做了吃的、喝的，以便等待過路的飢民充飢。那時來了一個飢民，用衣袖蒙著臉，連腳步都邁不開。黔敖左手端著飯，右手拿著湯，喊著：「喂！來吃吧。」那個飢民抬起眼睛望著他說：「我就是不願意吃像你這樣吆喝著而施捨的飯，才落到這個樣子。」黔敖聽了連忙向他道歉，但他還是不肯吃，終於餓死了。曾子聽到這件事情，就說：「這樣不對呀！別人沒有好聲好氣的嗟嘆，當然可以拒絕；但在道歉之後，也就可以吃了。」

人類為什麼寧可死也不願尊嚴受損呢？動物不會「不食嗟來之食」。有些動物可能跟人類感情較深厚，但感情再怎麼深厚，也不會用「忠孝」、「仁愛」、「信義」、「和平」這些話來形容牠們。動物不具有人的這種「格」，人的尊嚴，讓人有不同的發展。每個人出生的條件都不平等，但後天發展出來的評價標準，在內不在外，關鍵在於有沒有行善。人性向善，行善愈多，實踐人性的機會愈大，所以在道德實踐上，人人平等。這是真正的平等、道德上的平等，使人外在的富貴、貧賤、成功、失敗的影響力降低，讓人活得有尊嚴，並且能夠快樂。

儒家對人的尊嚴之肯定，在於主張：沒有人生下來就是善人，但是人人都能行善。人不能離開人群，善是人與人之間的適當關係，掌握住這一點，就會展現入世的情懷。孟子的學生公都子列舉當時的三種人性論：一、人性沒有善惡問題；二、人性可以為善也可以為不善；三、有人性善，有人性不善。就第三種來說，以堯為君主，卻有象這樣的百姓；以瞽叟為父親，卻有舜這樣的兒子；以商紂為侄兒，並且以他為君主，卻有微子啟、王子比干這樣的賢人。孟子認為這些都是就外在的行為來說明，而沒有觸及人內心裡最根本的、屬於人性的部分。

談到孟子的人性論，一定要看〈告子〉篇對人性的討論。孟子說：「順著人性的真實狀態，就可以做到善，這便是我所謂的性善。至於有人做出不善的事，那不是天生資質的過錯。」順著人性就可以做到善，代表善是做出來的，代表行為。如果有人做出不善的事，那不是他本質不好的問題，「非才之罪也」。

善與不善都是做出來的行為，因此才有負責任的問題；如果善與不善不是我做出來的行為，而是天生本來就有的，我就不能負責任了。孟子說：「牛山的樹木曾經很茂盛，由於它鄰近都城郊外，常有人用刀斧砍伐，還能保持茂盛嗎？當然，它黃昏晚間在生長著，雨水露珠在滋潤著，不是沒有嫩芽新枝發出來，但緊跟著就放羊牧牛，最後就成為現在光禿禿的樣子了。人們看見那光禿禿的樣子，就以為它不曾長過成材的大樹，這難道是山的本性嗎？在人的身上，難道會沒有嚮往仁德與義行的心思嗎？有些人之所以喪失他的良心，也就像刀斧對付樹木一樣，天天砍伐它，還能保持茂盛嗎？經過黃昏晚間的生長，出現了天剛亮時的清明之氣，他的好惡也與一般人有了一點點相近，可是他在白天的所作所為又將它壓制消滅了。反覆地予以壓制，他在夜裡滋生的氣息就無法保存；夜裡滋生的氣息無法保存，距離禽獸也就不遠了。人們見他像個禽獸，就以為他不曾具有人的資質。這難道是人的真實狀態嗎？因此，如果得到滋養，沒有東西不生長；如果失去滋養，沒有東西不消亡。孔子說：『抓住它，就存在；放開它，就消失；出去進來沒有定時，沒人知道它的走向。』大

概說的就是人心吧？」（《孟子・告子上》）

真誠引發力量：有如水向下流

學習《孟子》，要常常記得「動態觀」，生命是一種力量，力量是動態的，人生要不斷在行動裡把人性實現出來。但人通常都會為了各種外在的考慮，而忽略了人性是什麼，以致於一輩子就扮演某個角色，取得某種利益。因此孟子強調真誠。

人清晨起床時有「平旦之氣」，又稱「夜氣」，人晚上睡覺時脫離群眾，回到自己生命裡，恢復做一個人最基本的情況。很少有人早上犯罪，通常是黃昏時最容易犯罪，晚上月黑風高就更不用說了。孟子很了解生命的困境，會受社會風氣、後天環境的影響。孟子用「牛山之木」來比喻，山的本性在於「能夠」長出花草樹木，「能夠」就是指力量，力量即是向善的「向」。一座山長出花草樹木，不加干涉就可以長得很好，如果干涉，慢慢就沒有花草樹木了。所以人只要順著自然狀態，就能把善表現出來，這個比喻多麼生動。

告子說：「人性就像湍急的水，在東邊開個缺口就向東流，在西邊開個缺口就向西流。人性沒有善與不善的區分，就像水沒有向東與向西的區分。」孟子說：「水確實沒有向東與向西的區分，難道也沒有向上與向下的區分嗎？人性對於善，就像水向下流。人性沒有不善的，水沒有不向下流的。現在，用手潑水讓它飛濺起來，也可以高過人的額頭；擋住水讓它倒流，可以引上高山。這難道是水的本性嗎？這是形勢造成的。人，可以讓他去做不善的事，這時他人性的狀況也是像這樣的。」（《孟子・告子上》）

最初啟發我覺悟人性向善的，就是孟子所說的這一段話：「人性之善也，猶水之就下。人無有不善，水無有不下。」很多人看到「人無有不善」，就說人性本善，如果真的這麼簡單，孟子何必用水作為比喻？「下」是水的向，還是水的性？當然是水的向。因此，性就是向，向就是性，如此才能理解孟子所說的人是向善的，就像水向下流一樣。後天形勢可以改變人性自然的傾向，所以孟子認為所有的惡都是後天的情況造成的，當然也與人的偏差認知有關，再加上欲望，所以他說「養心莫善於寡欲」。要修養心性，最好的方法就是減少欲望。

善：我與別人之間適當關係的實現

學了孟子的人性論，進一步要對實際生活提出明確的指導原則，譬如肯定了人性向善，那麼人生要努力的就是擇善固執。《中庸》所說的正是人生的應行之道，所謂「人之道」即是「擇善固執」，要選擇什麼是善的，然後堅持下去。但怎麼選擇呢？我們可以從《孟子》裡找到材料，人與人相處，在選擇什麼是善時，需考慮三點：一、內心感受要真誠；二、對方期許要溝通；三、社會規範要遵守。先談「社會規範」，儒家強調真誠，強調仁心，但從未質疑禮的重要，所以當顏淵請教孔子「仁」的時候，孔子說：能夠自己作主去實踐禮的規範，而具體的做法就是「非禮勿視，非禮勿聽，非禮勿言，非禮勿動」。「守法而重禮」，即是合乎社會規範。

社會規範有時會改變，因此它主要是作為一個限制原則，讓人不可違背。如果大家行禮如儀，卻沒有真誠之心，那只是做戲罷了。孟子說：「誠者，天之道也；思誠者，人之道也。」（《孟子・離婁上》）真誠是天的運作模式，而追求真誠是人的正確途徑。極端真誠而不能使人感動，是不曾有過的事；如果沒有真誠，是絕不能感動人的。就宇宙而言，真誠即是真實，萬物運行的規則就是真實的情況，春夏秋冬、寒來暑往，從未改變過，包括所有生物，都是按照規律在運作。一切生物，包括人在內，餓了想吃、渴了想喝，絕無例外。但是要作為一個真正的人，需要另外一條路，「思誠」是想要讓自己真誠，那就是人類正確的路。人是宇宙萬物裡唯一可能不真誠的生物，當一個人不真誠時，他是把人的身分放一邊而進行演戲、作秀而已。但是如果要走上人生的正路，就要真誠，真誠之後就會覺悟自己應該行善。

子曰：「仁遠乎哉！我欲仁，斯仁至矣。」（《論語・述而》）孔子說：

「仁離我很遠嗎？只要我想要，它立刻出現了。」代表行仁要看你「欲或不欲」，你不想要的話，人生的路就消失了，你想要的話，它就立即出現，因為每個人都是活在人群之中，隨時可以實踐他與別人之間的適當關係。孔子從不認為人心本來就有仁，他說：「回也，其心三月不違仁，其餘則日月至焉而已矣。」（《論語・雍也》）只有顏淵的心，可以長時間不離開仁，至於其他學生，只能幾天或是幾個月守住仁的要求。可見人的心不等於仁，你若「欲仁」，仁才會出現；人的心不等於善，要主動願意去行善，善才會出現。人對自己要真誠，但和其他人相處時該怎麼做呢？一樣也是真誠，有幾分情感就表達幾分，人在情感方面最容易引起誤會與不必要的困擾。

其次，談到對方期許要溝通。《孟子・告子下》，公孫丑請教孟子：「高子說：『〈小弁〉是小人所作的詩。』是嗎？」孟子說：「為什麼這樣說？」公孫丑說：「因為其中有怨恨。」孟子說：「高老先生對詩的評論太拘泥了！有個人在這兒，如果一個越國人拉弓去射他，事後他可以有說有笑地講述這件事；沒有別的原因，只因為他與越國人關係疏遠。如果是他的兄長拉弓去射他，事後他就會哭哭啼啼地講述這件事；沒有別的原因，只因為他與兄長關係親近。〈小弁〉的怨恨，出於愛護親人；愛護親人，就合乎仁德。高老先生對詩的評論太拘泥了！」《孟子・告子下》

人與人相處，從來就沒有所謂的「一視同仁」，因為你對每個人都有不一樣的情感、不一樣的期許。譬如，我走在校園裡，兩個學生迎面而來，左邊的學生我曾教過，右邊那位我沒教過，他們看到我都不理會，對於教過的學生有這樣的反應，我覺得難過，但是對於沒教過的學生，我就沒有什麼感覺。人與人之間會互相期許，因為感情是互相的。與別人互動時，要掌握這三點：內心感受要真誠、對方期許要溝通、社會規範要遵守。但人生沒有那麼簡單，人生之所以為人生，是因為有各種掙扎、衝突和矛盾，有時我對某人的期許很高，但他做不到；有時對他的感情沒有那麼深，但是他的期許卻超過我的能力。因此人常常需要溝通協調，而誤會和煩惱也由此而來。

我曾在一家科技公司演講，有人問：「如果我對一個人很真誠，但他總是對我不真誠，難道我還要對他真誠嗎？」這個人恐怕誤會我的意思了，以為真誠是天真幼稚，其實真誠要考慮一些相關因素。如果我對他真誠，而他對我不真誠，代表他並沒有期許我對他真誠；一旦發現這種情況，下一次我就不用考慮真誠。儒家強調以直報怨，直就是真誠，他對我不真誠，將來兩人相處完全按照「社會規範」，公事公辦、就事論事，這樣就沒有問題了。儒家很清楚，「道不同，不相為謀」。

我們可以把學到的孔孟思想應用在生活中，具體掌握什麼是善，這也是《中庸》的觀點。《中庸》的文字具有高度的論述性，不可能在孟子以前寫成。像「天命之謂性，率性之謂道，修道之謂教。道也者，不可須臾離也；可離，非道也」這種文章，在荀子前後才可能出現。孟子說：「誠者，天之道也；思誠者，人之道也。」（《孟子・離婁上》）《中庸》則說：「誠者，天之道也；誠之者，人之道也。」孟子說的是思誠，想要真誠；《中庸》說的是誠之，讓自己真誠。讓自己真誠，比想要真誠更進一步，更具有普遍性，因為讓自己真誠本來就包含想要真誠在內，並且焦點在自己身上。《中庸》講「人之道」是「擇善而固執之者也」。孟子的固執有變化的可能，「嫂溺，能否援之以手」（《孟子・離婁上》）就是例證，「守經而達權」，守住經常的原則，能夠通達變化的道路。孟子尚未說出「擇善固執」這樣的原則。

《孟子・離婁下》記載，儲子說：「齊王派人來窺探先生，是不是真有與別人不同的地方？」孟子說：「有什麼與別人不同的地方呢？堯、舜也與一般人一樣啊。」孟子強調「堯舜與人同耳」，表示儒家的聖人是人人可以做到的，要就近從身邊做起，重要的是先擇善，再長期做下去，做到最後才能產生效果。孟子說：「有所作為的人就像挖一口井，挖到六、七丈深還沒有出現泉水，仍然是一口廢井。」求知與行善，都必須累積到一定程度，才可能轉化生命。

從政的人需要這樣的智慧，孔子稱讚子產，說他「有君子之道四焉」（《論語・公治長》）：一、「其行己也恭」，自我要求非常嚴謹；二、「其事上也敬」，侍奉國君非常尊敬；三、「其養民也惠」，照顧百姓廣施恩惠；最後，「其使民也義」，使喚百姓做事完全合乎正當性。然而孟子卻批評子產，說子產主持鄭國的政治時，用自己乘坐的車輛幫助別人渡過溱水與洧水。

孟子說：「他給人恩惠，但是不懂得處理政治。如果十一月修好行人的橋，十二月再修好通車的橋，百姓就不會為渡河發愁了。君子把政治辦好，出行時讓人迴避都可以，怎能一個個地幫人渡河呢？所以為政者如果要討好每一個人，時間就不夠用了。」

孟子有些觀點與孔子不太一樣，最有名的例子是對於管仲的評價。孔子特別推崇管仲，在《論語》中，有六個人被稱作達到了「行仁」的要求。微子、箕子、比干，都被商紂害得很慘，比干還被剖了心；另外有伯夷、叔齊，這五人為了行仁，有的死了，有的逃了，有的佯狂，而第六位就是管仲。管仲生活奢侈，齊桓公有什麼享受，他也要比照辦理，因為他知道自己功勞很大，只要開口，齊桓公一定答應。孔子讚賞管仲用外交手段避免了戰爭，讓各國不用兵戎相向，造福了天下人。一個齊國宰相，造福眾人的範圍竟超過齊國。善是人與別人之間適當關係的實現，管仲所面對的別人，超過了齊國宰相所面對的齊國人民，達到了各國人民，超過了他應該負責的範圍，所以孔子肯定他行仁。

但是孟子對管仲並不滿意，有一次齊宣王想說說自己祖先的榮耀，孟子就說孔子的學生沒有人在談論齊桓公、晉文公。孟子明知《論語・憲問》多次談到，他還是說孔子的學生不屑於談。有一次公孫丑請教孟子：「如果先生在齊國掌權，管仲、晏子的功業，可以再度興起嗎？」孟子回答他：「連曾子（曾參）也認為管仲不算什麼。」（《孟子・公孫丑上》）孔子稱讚管仲，根據的是人性向善之說，如果沒有這樣的理論，也沒有理由可以稱讚了。管仲當宰相是為了個人的富貴，他的策略比其他人高明，效果極為顯著，所以孔子是就效果來稱讚管仲，至於管仲本人的德行則是很差的。管仲從政的條件太好了，他如果是儒家的信徒，一定能讓齊國稱霸之後，進而恢復周朝統一的美景。孔子的理想就是透過一個國家的穩定，進而使天下長治久安。結果各國爭來鬥去，輪流稱霸，到最後還出現秦始皇，用武力征服了各國。儒家在評價人物的時候，一定會考慮善的概念。

孟子的學生跟隨他多年，一起周遊列國，有時也會引起一些議論，有人就說孟子「傳食於諸侯」（《孟子・滕文公下》），但是孟子認為他是提供國君一種思想，讓國家有路可以走，能夠「安富尊榮」，這是他應得的回報。孟子提出很多說法，宣稱自己做的都是該做的事，因為他都經過了思考反省。一個時代最怕價值觀混淆，大家若是打迷糊仗，即使贏了也無法找到正確的道路，讓國家長治久安。儒家作為一個學派，一方面是透澈闡述人性理論，另一方面是希望能夠提出長遠的規畫，讓國家真的願意推行仁政，因為仁政的基本原則就是讓百姓可以過好日子。經濟繁榮發展只是必要條件，重要的是接下來的教育，百姓能夠吃飽喝足又受到教育，人生就有希望了。

我們讀《孟子》，年紀愈大會愈感動，孟子說：「謹庠序之教，申之以孝悌之義，頒白者不負戴於道路矣。老者衣帛食肉，黎民不飢不寒。」（《孟子．梁惠王上》）認真辦理學校教育，反覆講述孝親敬長的道理，頭髮花白的人就不用背著或頂著重物在路上行走了。老年人有絲棉襖穿也有肉吃，百姓不挨餓也不受凍。一個社會的好壞，從這裡可以一窺究竟。老人家年輕的時候對於社會安定也有功勞，只要是在正當行業上盡了力，年輕人就該給老人家一點幫忙，因為每個人都會變老。儒家的思想基本上是說得通的，真的要做也可以做得到，只是需要好的規畫，而所有規畫都必須以這一套人性論為基礎。

心悅理義，猶口悅美味

是否每個人都了解人性呢？未必如此。只要了解人性，就會真誠、溝通，並遵守社會規範；如果不了解，往往就按照本能生活。人有耳目口鼻的欲望。孟子說：「口喜歡吃美好的食物，眼睛喜歡看美好的東西，耳朵喜歡聽美好的聲音，這是每一個人都一樣的，但是為什麼你的心不能追求聖人那樣的境界？」耳目口鼻與四肢一樣，屬於小體，心屬於大體；小體有其自然的追求對象，心亦然。談到人性是本善還是向善，我要提出一個決定性的證據，孟子說：「理義之悅我心，猶芻豢之悅我口。」（《孟子・告子上》）理與義讓我的心覺得快樂，就好像芻與豢這種美味的食物讓我的口覺得快樂。這代表我的心不等於理義，我的心只是喜歡理義。說話合理是「理」，行為正當是「義」。其實孟子的表現正是說話合理、行為正當。能夠說話合理，聽的人無法與之辯論。很多人說孟子好辯，其實孟子學問好，是講道理的，他之所以需要與楊墨這些人辯論，有一段話回溯古代，「當堯之時，天下猶未平，洪水橫流，氾濫於天下。」（《孟子‧滕文公上》）老百姓生活困苦，所以這些古代聖賢，開始用火把動物趕走、把野草燒淨，地上才能夠住人。有人治理洪水、教老百姓種植五穀雜糧，才能夠生活。野獸出現，就要趕走虎豹犀象，老百姓才能生活。所以，孟子說話合理，不但是學問好，更因為他可以把過去的歷史事實歸納及綜合起來，讓聽的人都覺得很有道理。

天下大亂有兩種可能，第一，政治做不好；第二，社會上的觀念錯亂。政治做不好，政治領袖應該反省；觀念錯亂，孟子就挺身而出。他說，用我的言論來排斥楊朱、墨翟，就是聖人的門徒，「聖人復起，必從吾言矣」（《孟子‧公孫丑上》），聖人如果重新活過來，照樣會支持我。「先聖後聖，其揆一也」（《孟子‧離婁下》），無論古代或現代的聖人，其原則方法是一樣的。陸象山就說得很好，「東海有聖人出焉，此心同也，此理同也。西海有聖人出焉，此心同也，此理同也。」南海、北海也一樣，心同、理同。我的心是一樣的，我所需要的理，也是一樣的，所以我們的心喜歡理義。第一個理是指，只要說話合理，我就接受。

其次，只要一個人行為正當，對父母孝順、對朋友講道義，我們就會對其存有好感。人的心喜歡合理的、正當的言行，這就像人的口喜歡吃用牛羊豬狗所烹煮出來的美味食物一樣。我的口裡面並沒有這種美味，但是我的口喜歡吃這種美味，我的心裡面並沒有這種理義，但是我的心喜歡這種理義，這個比喻太明顯了。所以「理義之悅我心，猶芻豢之悅我口」這句話，肯定了人性向善。性落在心的四端上，我的心自然就喜歡理義，就像我的口自然就喜歡美味的食物。孟子為什麼會認為「可欲之謂善」（《孟子・盡心下》），讓我覺得可欲的就是善，誰覺得可欲？是心，而不是口。

外國學者念儒家很辛苦，有一個美國學者就說，既然孟子說「可欲之謂善」，所以吃牛排也是善的。吃牛排是嘴巴在吃，孟子怎麼會在乎你吃什麼？孟子講「可欲」時，主體是心，因為心是一個人的大體。孟子對人性的理解，由心的四端，再到人性向善與如何擇善，這些不容易講得清楚，也很難立刻理解。如果沒有這一套思想作為基礎的話，無法肯定人性天生就具有的尊嚴與價值，也無法進一步解釋浩然之氣如何培養。

主題三：培養浩然之氣

第一講：從自我修養入手

孟子如何培養浩然之氣呢？首先我們從自我修養談起。

儒家最常談到的修養，是孔子說的「智者不惑，仁者不憂，勇者不懼。」（《論語・子罕》）人有理性，但如何成為智者呢？有真誠的情感，那如何做個仁者呢？仁者和智者都是孔子重視的特殊成就，「智者樂水，仁者樂山」（《論語・雍也》），水活潑流動，遇到任何狀況都可以隨機應變；山厚重安詳，能夠包容各種動物植物礦物。所以，智者欣賞水，而仁者欣賞山。勇是指勇敢，但勇敢的表現何在呢？

考察心思：無禮、不仁、不忠？

孔子認為君子有三種特色，「智者不惑，仁者不憂，勇者不懼」，這三句話並沒有延伸出其他的觀念，在哲學上，這叫作「套套邏輯」，意指說A等於A。譬如，人是理性的動物，我沒有特別說什麼，只是對於「人」作一個分析性的定義。我現在說智者不惑，明智的人不迷惑，如果迷惑，就不能算是明智了。孔子的生活心得是在三十而立之後十年，才到四十而不惑，這也不容易做到。不惑代表明白許多事情的道理，知道人生何去何從。「勇者不懼」也沒有告訴我們什麼，勇敢的人沒有什麼可以恐懼的，會恐懼就不叫勇敢了。智者不惑與勇者不懼，它的解釋方式就是把這個詞的具體作為描述一下，但並沒有說明怎麼修養。

「仁者不憂」比較特別，有仁德的人為什麼不會憂慮呢？因為心安理得。仁就是真誠，並且去做該做的事，所以沒有什麼憂慮。孟子曰：「君子有終身之憂，無一朝之患也。」（《孟子・離婁下》）孟子這麼說：「君子有終身的憂慮，而沒有一時的煩惱。至於要憂慮的則是，舜是一個人，我也是一個人；舜為天下人樹立典範，影響流傳到後代，我卻仍然是個平凡的人，這是值得憂慮的。憂慮了又如何呢？像舜那樣去做吧！至於君子是沒有一時的煩惱的。不是仁德的事不去做，不是守禮的事不去做。即使有一時的煩惱，君子也不認為那是值得煩惱的。」終身之憂就來自於人性向善，好了還要更好。「向」這個字代表力量，只要活著就一直存在。這也是孔子的生命從三十而立、四十而不惑、五十而知天命，一路提升不會停止的緣故。孔子若是活到八、九十歲，肯定還能提升更高的層次。由此可知，「向」就是理解儒家思想的關鍵。

孟子談論人的修養，也從這裡連貫下來。雖然《中庸》的材料不一定早於《孟子》，但它的總結值得參考。第一，好學近乎智，只要好學就接近明智。每天都在念書、思考，懂的當然比別人多；遇到事情時判斷也比較準確，這時候就能顯示出一個人的明智。一個人若是不好學，只能靠著一面犯錯一面學習，再一面累積經驗，等到學會人也老了，來不及顯示明智了。孔子只承認顏淵好學，但是子夏說「日知其所亡，月無忘其所能」（《論語・子張》）。每天學習新東西，每月不要忘記學會的東西，也等於多複習，這樣就能夠表現明智的特色了。第二，力行近乎仁，一方面真誠，一方面要努力實踐所學，這樣就能接近仁了。第三，知恥近乎勇，知道羞恥才是接近勇敢，代表又要把焦點回到自己身上。好學是學別人的東西；力行是由心而發，做該做的事；萬一有錯怎麼辦呢？要能知恥，所有的修養都要從自我反省開始。西方人說，做人就是會犯錯，"To be human is to err." 人有自由就可能犯錯，所以必須經常反省，知道自己錯了、有羞恥心，是一種勇敢。真正的勇敢不是對付別人，而是對付自己。

這是孟子那個時代對於智仁勇的了解。《中庸》說人之道是「擇善固執」，合起來看，擇需要智；善與仁是同一類；固執就是勇，「擇善固執」根據的就是「智仁勇」三達德。三達德，也就是幫助我們在人生之路上走得通的三個方法。相對的是五達道，也就是五倫，沒有人可以離開這個道，「君臣、父子、夫婦、兄弟、朋友」稱為五達道。德是幫助道的，德是行動的具體方法。在《孟子・公孫丑上》，孟子討論「不動心」，不動心是表現自我克制的力量，和三達德中的「勇」有關。給你好處，你會不會動心？能不能「富貴不能淫，貧賤不能移，威武不能屈」（《孟子・滕文公下》）？這些都與勇有關。

三種勇敢：對抗、無懼、自反

孟子的學生公孫丑問：「先生如果擔任齊國的卿相，可以實行自己的主張，那麼即使由此而建立了霸業或王業，也不足為怪。如此一來，會不會動心呢？」孟子說：「不會的，我四十歲就不動心了。」（《孟子・公孫丑上》）孟子的說法和孔子的四十而不惑有點類似，孔子四十歲時沒有迷惑，代表不受情緒干擾、不易受人煽動。公孫丑說：「這麼看來，先生就遠遠超過孟賁了。」孟子說：「這個不難，告子比我更早做到了不動心。」公孫丑說：「不動心有方法嗎？」不動心必須沉得住氣，所以孟子先談「養勇」，並舉出三種勇敢。這段對話中所舉的孟賁、北宮黝、孟施舍都是古代勇士。

孟子說：「有。北宮黝這樣培養勇氣：肌膚被刺不退縮，眼睛被戳不逃避；他覺得受到一點小挫折，就像在公共場所被人鞭打一樣；既不受平凡小民的羞辱，也不受大國君主的羞辱；把刺殺大國君主看成刺殺平凡小民一樣；毫不畏懼諸侯，聽到斥罵一定反擊。」北宮黝的方法是「外發」，以外在的過人氣勢來彰顯勇敢。

羅馬時代兩軍交戰，其中一邊派了一個傳令兵到敵陣，建議雙方停火，理由是他們軍中都是勇士，怕對方損傷慘重。當時是冬天，傳令兵把手放在火爐上烤，都烤焦了，大家都求他把手拿開，這樣就消除一場戰爭。一個人只要不怕死，誰也擋不住。

孟子說：「孟施舍這樣培養勇氣，他說：『對待不能戰勝的，就像對待足以戰勝的；衡量敵得過才前進，考慮可以勝才交戰，那是畏懼眾多軍隊的人。我怎能做到必勝呢？不過是無所畏懼罷了。』」兩軍作戰時，士氣扮演關鍵角色，孟施舍憑藉的是一種精神力量，簡言之，就是「無懼」。北宮黝和孟施舍剛好是兩種典型，一放一收，但都可以讓對手不寒而慄。第一種人武功高強、體格壯碩又不怕死，怎麼對付他呢？第二種人雖然瘦弱但卻不怕死，一樣很難對付。然而孟子舉了這兩個例子後，又說這不算什麼，第三種勇敢才是真正的勇敢。

孟子說：「孟施舍的作風像曾子，北宮黝的作風像子夏。這兩人的勇氣，不知道誰比較傑出，但是孟施舍把握了要領。從前曾子對子襄說：『你愛好勇敢嗎？我曾經聽孔子談過大勇的作風：反省自己覺得理屈，即使面對平凡小民，我怎能不害怕呢？反省自己覺得理直，即使面對千萬人，我也向前走去。』孟施舍保持勇氣的方法，又不如曾子的那麼扼要。」

這段話是曾子引述孔子的話，但因為出現在《孟子》書中，常常被誤以為是孟子說的。原文有兩段，第一，「自反而不縮，雖褐寬博，吾不惴焉。」我反省自己發現自己理屈，雖然面對一個平凡百姓，我不害怕嗎？第二，「自反而縮，雖千萬人，吾往矣。」一般人只注意到第二句話，總覺得自己是對的，如果每一個人都自反而縮，那麼誰不縮呢？「縮」這個字在古代可以當作「直、義」（正當性）。反省自己，肯定自己有正當性，就算再多的人反對我，我仍執意往前走。但是最怕「自以為義」，兩個人互相對立，都說自反而縮，那麼到底誰對呢？一個人不能自我反省，就很容易自以為義，自以為義的人到最後可能行不通，到處碰壁，這一生恐怕很難做成什麼大事。孟子也說，別人對我不好，我先自我反省，是不是我自己有問題？我是不是不仁？是不是無禮？是不是不忠？若自省過後發現自己其實沒有任何不妥，那只能說是碰到一個狂妄的人。

我反省自己覺得理屈，即使我再有權力、再有財富，而對方只是一個平凡百姓，做小生意的、小買賣的，對我無可奈何，但我心裡還是要害怕的。因為面對一個比較弱勢的人，你欺負他，他無可奈何，這代表將來比你強勢的人欺負你，你也只好接受，也只能無可奈何。我們做事要想到相互性，做任何事都有其邏輯上的後果，你做這件事就等於你贊成這件事的邏輯。你在什麼情況下做出這種行為，也要允許別人這樣做。從孔子的這句話，可以看出儒家思想的深刻性。

即使面對一個穿著粗糙衣服的平民，我能不害怕嗎？我害怕的不是這個人，我害怕的是「理」。理就是合理，義就是正當。有這樣的準備之後，才能倒過來說：我反省自己覺得理直，再多的人反對我，不管你們財富權力有多大，我照樣向前走，這是大勇。

這三種勇敢對照來看，會發現第一種是勇於對抗，第二種是勇於無懼，第三種是勇於自反。只有第三種勇於反省自己，符合儒家的理想，要以道義作為人類共同的目標。如此一來，社會才有可能出現正義。人生在世，所需要的是仁愛與正義。仁愛就是讓人們活下去，所以每一個國家都在拚經濟，每個國家都以人民平均所得提高作為政績。但是這樣還不夠，除了仁愛，還需要正義，正義就是一個人的善惡，要有適當的報應。法律要維持社會的公義，就來自於對正義的要求。國家若是只有仁愛而沒有正義，可能會發生巧取豪奪，強凌弱、眾暴寡的情形，仁愛最終還是會崩塌，這仍是不公平的社會。孟子的不動心與大勇有關，自己問心無愧，什麼都不用擔心，所以不在乎外在的成敗得失，只在乎內心有一個原則，以它為基礎，可以定得住。公孫丑又說：「請問，先生的不動心與告子的不動心，可以講來聽聽嗎？」孟子說：「告子說過：『言論上有所不通，不必求助於思想；思想上有所不通，不必求助於意氣。』思想上有所不通，不必求助於意氣，這是可以的；言論上有所不通，不必求助於思想，這是不可以的。心志是意氣的統帥，意氣是充滿體內的。心志關注到哪裡，意氣就停留在哪裡。所以『要持守心志，不要妄動意氣』。」公孫丑說：「既然說『心志關注到哪裡，意氣就停留在哪裡』，卻又說『要持守心志，不要妄動意氣』，這是為什麼？」孟子說：「心志專一就能帶動意氣，意氣專一也能帶動心志。譬如跌倒與奔跑，都是意氣的運作，反過來卻帶動了心思。」

告子的修養很辛苦，好像在一個石洞裡面壁而坐，與別人講話講不通時我不要想，想不通時我不要生氣，也就都是「不要、不要」，壓制自己的欲望與意念。到最後真的不動心了，大概與莊子所謂的槁木死灰差不多了，告子的這種做法違反人的理性本能。孟子說，想不通時不要生氣是對的，但是說話說不通就一定要想。小時候想不通，也許再過幾年就能想通；一個人想不通，找朋友商量、找老師指導，說不定就想通了。孟子一方面承認告子比他先不動心，不過告子的方法太消極。最後孟子特別提到，告子為什麼說「仁內義外」呢？認為仁是由內而發、義是由外而來，原因就是他沒有想通。

浩然之氣的預設：身心關係

公孫丑再問：「請問先生的優異之處在哪裡？」像孟子這樣的老師，一定具有相當程度的自信，認為自己與眾不同。孟子說：「夫天未欲平治天下也。如欲平治天下，當今之世，舍我其誰也？」（《孟子・公孫丑下》）孔子兩次差點被殺，都把天抬出來，其中有一次說得比較完整，「天之未喪斯文也，匡人其如予何」（《論語・子罕》），上天如果沒有讓文化傳統消失，匡人能對我怎麼樣？由此可見孔子認為自己是文化存亡的關鍵，雖然是在危險的時候講的話，但也足以展現孔子的自信。

有人認為孔子比較謙虛，孟子比較驕傲，孔子確實是「道不同，不相為謀」，非常客氣。不過儒家學者與謙虛或驕傲無關，他們擁有的是一種使命感。社會亂了，讀書人知道社會應該怎麼樣才能安治，這就是使命感。知識帶來責任，沒有知識的人從政，有如盲人騎瞎馬，夜半臨深池，那是多麼危險。知識份子只想盡力做一點事，設法幫助百姓。所以孟子也認為，上天要治好天下，捨我其誰？真正的儒家都有類似的抱負。我記得一個小故事，真假還有待考證。梁漱溟先生年輕的時候，有一次要過河，風浪很大，很多人都勸他不要過河了。他說：「你放心，我死了，中國文化怎麼辦？」這種抱負不只他一人獨有，很多學者只是沒有說出來而已，或是可以說，不太有信心說出來。

真正的儒家要把這些都學會，孟子「道既通」，把儒家的道學會了，通了之後就有一種自信，這種自信絕不是為了升官發財。孟子回答學生，說明自己有兩大優點：「我知言，我善養吾浩然之氣。」（《孟子・公孫丑上》）「知言」有兩項條件，一是充分了解人間事物的因果關係，由此形成一種完整的觀點；二是邏輯思辨能力很強，可以就事論事，不受個人因素干擾。《論語・堯曰》說：「不知言，無以知人也。」這是《論語》全書結語。孟子自謂知言，可見深有自信。

《論語》第一句是，「子曰：『學而時習之，不亦說乎？』」最後一句是，「子曰：『不知命，無以為君子也。不知禮，無以立也。不知言，無以知人也。』」第一，「不知命，無以為君子」，一個人不了解自己的使命，無法成為君子。光了解命運不夠，還要知道使命，孔子五十而知天命，就兼顧了命運和使命，孔子說不了解自己的命運與使命，不可能成為君子，因為君子本身是修練過程的結果。第二，「不知禮，無以立也」，這句話在〈季氏〉篇中也出現過，孔子教導兒子「不學禮，無以立」，不了解禮的話，無法在社會上立足。最後一句話就比較容易被忽略，「不知言，無以知人也」，不能辨識一個人的言論，就無法了解這個人，因為言為心聲。

孟子說他同別人不一樣之處，首先是他能辨識言論，承接了孔子所謂的「不知言，無以知人也」。知言，就是聽到別人的話，就知道別人所言有什麼問題。孟子提到四種，「偏頗的言詞，我知道它的盲點；過度的言詞，我知道它的執著；邪僻的言詞，我知道它的偏差；閃躲的言詞，我知道它的困境。」（《孟子‧公孫丑上》）第一，偏頗的言詞，我知道它的盲點。若是有人說，人活在世界上跟動物差不多，沒有什麼希望，那個人一定覺得做人很辛苦。一個朋友家裡養了九隻狗，他說他喜歡看狗臉勝過看人臉。這樣的說法不失道理，狗臉只有一種表情，就是忠心耿耿，人臉變化太大，貧窮的人容易諂媚，富有的人容易驕傲，我想他以前一定在某方面吃過別人的虧。

第二，過度的言辭，我知道它的執著。有人說二十一世紀是中國人的世紀，但是外國人不喜歡聽到這樣的說法，這樣說多了，代表心裡有一種執著。用黃皮膚、黑頭髮來界定誰是偉大的人，但這其實是血統、身體的因素。人真正的偉大在於可以不斷開發潛能，最後能展現人文精神、人道理想。所以，說這種話的人，有自己的執著，大概以前太苦了，好不容易輪到自己出頭了。

第三，邪僻的言辭，我知道它的偏差。「人不為己，天誅地滅」，這話一聽就知道有所偏差，因為只看到人自私的、壞的一面。

最後，閃躲的言辭，我知道它的困境。我們如果學會也很有用，跟別人談話，朋友之間、職場上，或在更廣大的人群之間，都可以這麼判斷。但是孟子真正傑出的優點不在這裡，因為分辨言論需要懂得人情世故，亦即知言與明智有關，而真正困難的是「我善養吾浩然之氣」。這就需要長期修練，要從自我反省開始。

「浩然」本來是指水勢盛大的樣子，孟子不只一次講到「浩然」，有一次他因為離開齊國被人批評，「不知道齊王不可能成為商湯、周武王，那是不明智；知道齊王不可能做到，卻還是到齊國來，那是求俸祿。跋涉千里來見齊王，意見不合便離去，在晝縣住了三夜才走，為什麼這樣滯留遲緩呢？我對這一點很不滿意。」孟子知道之後，說：「那個尹士怎能了解我呢？跋涉千里來見齊王，是我所期望的；意見不合便離去，難道也是我所期望的嗎？我是不得已罷了。住了三夜才離開晝縣，我心裡還覺得太快了，齊王或許會改變態度，齊王如果改變態度，一定會召我回去。我離開了晝縣，齊王沒有派人追我，我這才心意暢快地決定回鄉去。」（《孟子・公孫丑下》）最後這一句，即是「浩然有歸志」。

學生不理解何謂浩然之氣，孟子解釋道：「其為氣也，至大至剛，以直養而無害，則塞於天地之間。」（《孟子・公孫丑上》）那一種氣，最盛大也最剛強，以正直去培養而不加以妨礙，就會充滿在天地之間。孔子提到人有血氣，孟子則認為人的生命是氣。我們身體內外都是氣，所以人需要呼吸，這是最自然的一種理解。古人認為宇宙萬物基本的質料就是氣，這個氣對人來說是呼吸，讓身體可以維持生存。但是從另一個角度來看，氣是無形的，健康的人氣比較盛，生病的人氣比較衰。每一個人體內都有氣，也表現出某種精神狀態。孟子是身心合一論者，「存乎人者，莫良於眸子」（《孟子・離婁上》），要了解一個人，最好看他的眼珠。以現代醫學來看，「胸中正，眼珠就發亮，胸中不正，眼珠就昏黃」，這種話聽起來好像有一點問題，假設我不小心患了黃疸病，眼珠發黃，你能說我胸中不正嗎？況且現代藥物那麼發達，很多人一點眼藥水雙眼就發亮了，但能說他胸中正嗎？孟子這樣說實在是太急了，他希望每一個人都了解，外表會顯示你內心的狀況，相由心生。

孔子比較溫和，他認為了解一個人要從現在、過去、未來去看，即「視其所以，觀其所由，察其所安。人焉廋哉？人焉廋哉？」（《論語・為政》）看明白他正在做的事，看清楚他過去的所作所為，看仔細他的心安於什麼情況。這個人還能如何隱藏呢？這個人還能如何隱藏呢？孔子的學生宰我口才很好，經常讓孔子上當，他看到宰我白天睡覺，講了一句話，「始吾於人也，聽其言而信其行；今吾於人也，聽其言而觀其行。於予與改是。」（《論語・公冶長》）過去我對待別人，聽到他的說法就相信他的行為；現在我對待別人，聽到他的說法，卻要觀察他的行為。我是看到予（宰我）的例子，才改變態度的。

相較之下，孟子說觀察一個人就看眼珠，是比孔子急躁了些，容易缺乏普遍性，但這也不能怪孟子，他講身心合一論，身是小體、心是大體，只要讓大體帶領小體，就能走在正路上。如果反過來讓小體帶領大體，吃喝玩樂，心不起作用，而是跟著身體的欲望去走，甚至變本加厲，這樣就是小人了。

儒家對於「氣」的了解，到孟子是一個關鍵點。孟子說為什麼要培養浩然之氣呢？人的身體裡充滿的就是氣，同別人來往時，我理直，我說話的聲音就算再小聲，力量也是很大的，就像小孩子很真誠，說話時大家都要注意聽。孟子說過：「大人者，不失其赤子之心者也。」（《孟子・離婁下》）為什麼一個德行圓滿的人，沒有失去如孩童般純真的心？因為那是最真實、最真誠的。許多智者都說出過類似的想法，老子說要「復歸於嬰兒」（《老子・第二十八章》），一個人修練到最後，回到嬰兒狀態，本身就很圓滿。當然，我們不可能再回到嬰兒時期，老子指的是一種修練的結果。

尼采也說，精神有三種變化，第一變變成駱駝；第二變變成獅子；第三變就變成嬰兒。求學時期，每天背著書包上學，背一個書包是單峰駱駝，背兩個書包則是雙峰駱駝。哪一個人年輕時不是背著各種傳統教訓與壓力的駱駝。尼采說，駱駝就是聽別人命令你該如何、你該如何；做任何事都聽命於老師、父母，那就是駱駝。

第二步是獅子，誰見過獅子背上背東西的？獅子代表一種大無畏的精神，就是我對自己說：我要如何、我要如何，這就是獅子。代表我的生命獨立自主，自己負責。

最後變成嬰兒，代表我就是我，等於回到開始，但這個開始不是生下來的開始，是經過修練之後的重新開始，生命力最強。耶穌說，讓小孩子到我面前，因為天國是他們的。孟子也說赤子之心。這代表宗教家、哲學家對人的觀察是類似的。當然，人不可能回到嬰兒狀態，要把握的是嬰兒那種純潔真誠的力量。童話故事《國王的新衣》，所有人都看到國王沒有穿衣服，但只有小孩子敢直接說出來，所以小孩子的話有他的啟示性。有人說兒童是人類的老師，意義就在這裡。

這一講談到自我修養的過程，有關浩然之氣的具體細節，和如何培養的歷程，另文再談。

第二講：浩然之氣的表現

浩然之氣是孟子思想最有特色的概念，所指的是一種修練過程。「氣」是身體的內含，也是有形質的宇宙萬物的共同因素。「浩然之氣」是把人的生命力發揮到極限，抵達與萬物相通，「塞於天地之間」的境界。要培養此氣，首先要做到「直」（真誠而正直），並配合義行（該做的特定事項）與正道（人生的光明大道），再長期集結而生的效果；它表現為內心坦蕩而自得其樂，一無所缺而永遠精進，亦即「至大至剛」。義行由內而發，以人性向善為基礎，努力擇善固執，追求止於至善。

充塞於天地之間：直，義，道

《孟子・公孫丑上》說浩然之氣有兩個重點：第一，「至大至剛，以直養而無害」。這個氣至大至剛，需要我們用真誠的心、正直的態度來養育它，而不要阻礙它，這個氣若是被阻礙就不通了。儒家的「直」要理解為真誠與正直，不能只翻譯成「正直」，因為這麼一來，要問正和不正的標準何在？又要由誰判斷？由於真誠是由內而發，直接出去不轉彎，一轉彎就有很多其他的因素加進來，就不夠真誠、正直了。

《論語・子路》中，葉公告訴孔子，他的家鄉有正直的人，他的父親偷了羊，兒子去檢舉。孔子卻說：「如果父親偷羊兒子替他隱瞞，兒子偷羊父親替他隱瞞，正直自然就在其中了。」孔子並不是認為幫忙隱瞞是正直，重點是要探究「為何而隱」，如果隱瞞是順乎天性與人情，則為「直」。直有「真誠」與「直爽」之意，亦由此可見。儒家強調守法而重禮，但是並不否認兒子希望父親平安的真誠，若是為了社會正義忽略真誠情感，到最後恐怕沒有任何人可以與別人建立真誠的關係。

用直來養氣，代表氣有一種自然狀態。我看到父母，我的氣就隨著我的心，如果真誠而正直，就會孝順父母。因此，要把氣想成一種力量、一種趨勢，看到朋友，自然而然希望他快樂，所以要守信用；看到兄弟姊妹，自然而然就有一種力量，要同他們友愛相處，接著這個氣就會充塞於天地之間。其實孟子說的是長期的修練，最後的結果就是優游自在。孟子也說過自己「綽綽然有餘裕」（《孟子・公孫丑下》），行動要進要退寬綽而有餘裕，能夠感覺到天地萬物跟我沒有任何隔閡，就好像我的氣無所不在。文天祥的〈正氣歌〉就是從這裡得到啟發的。

西方有人將正氣翻作 "the right air"，看了令人啼笑皆非。空氣只能分為汙染的與沒汙染的。真要翻譯的話，應該譯成正義的精神，因為精神是看不到的，氣與精神可以互通，兩者都是無形又有力量的。孟子認為，如果用真誠而正直的心態來讓自己的生命顯示一種特色，那麼這個生命就與其他萬物相通，充滿在天地之間。孟子說的快樂，就是一個人問心無愧。

第二，浩然氣可以充塞於天地之間，因為在我的精神狀態圓滿時，就是我無所欠缺時，我在任何地方都自得其樂，無入而不自得。孟子說：「其為氣也，配義與道，無是，餒也。」這種氣要配合義跟道，否則氣就會衰弱。儒家的道與道家的道不一樣，道家的道是究竟真實，是最後的本體；儒家的道是就人類的路來說，道就是路，道就是人類應該走的路，「應該」這兩個字就代表道是正道。儒家說「人之道」的時候，不必強調「正」字，就包括「正」在內，否則不用講道。譬如，花有花道，茶有茶道，路邊的野花沒有花道，只有插花才有花道，因為牽涉到方法對不對的問題；茶葉長在山上，但泡茶就有茶道了，所謂的道就代表正確的方式。儒家談到道的時候，通常是指人類共同的正路。孔子說「志於道」，要立志走在人類共同的正路上；「據於德」，好好的抓住德，因為德是修道之後的心得，修道得到的心得可能放棄、可能改變。所以孔子說，要立志於走在道上，要緊緊抓住個人修道的心得。「依於仁」，要按照個人特殊的正路來走。仁是每個人的正路，牽涉到個人的生命如何才能達到完美，因此弟子問仁，孔子因材施教，回答的都不一樣。

孔子喜歡講仁，孟子喜歡講義。孟子說仁是人要保住的心，義是人要依循的路。義本來是適宜的宜的意思，義者宜也，因時制宜，看條件而改變。舉例來說，昨天講這句話是對的，今天講就不一定對，因為情況改變了；昨天這樣做事是對的，今天這樣做事不見得對，因為條件隨時在改變。

孟子講「義」，其實是個很大的挑戰，他曾說過：「大人者，言不必信，行不必果，惟義所在。」（《孟子・離婁下》）德行完備的人，說話不一定都兌現，做事不一定有結果，但是全部以道義為依歸。如果沒有最後「惟義所在」四個字，就會覺得孟子怎麼會說這種話，但如果稍微了解人情世故，就知道孟子的智慧真是了不起。

什麼是言不必信？譬如，我們是好朋友，我有一把很好的獵槍，你向我借，說下個星期天要去打獵。朋友之間借一把獵槍有什麼問題，但是，就在這個星期之內，醫生說你有自殺的傾向，如果我把獵槍借給你，你自殺了怎麼辦？守信代表約定的是將來的事情，不能預測中間會有什麼變化，如果說話一定要守信，也許事情變得很複雜。所以孟子說「惟義所在」，「義」就是

「宜」，要配合適當的情況，做出正確的抉擇，找出「應該」的所在。人間事務一直在變遷發展，如果沒有通權達變的能力，言行可能會陷入困境。義也是正當性，有適當才有正當。我們學習儒家的思想，要把這種概念推展延伸，只看一個字是不容易了解的。

孟子說，這種氣要配合義與道，義是每天做的事，道是人生的大方向，既能把每一件事做好，又能把握住大方向，這樣才能培養浩然之氣。浩然之氣有三個法寶：第一，直，真誠而正直；第二，義，在各種情況下應該怎麼做的正當性；第三，道，人生的光明大道。把握住這三點，就能慢慢養成浩然之氣了。當然還有一些小祕訣，孟子說：「對這種氣，一定要在行事上努力，但不可預期成效；內心不能忘記它，但不可主動助長。不要像宋國人那樣。宋國有個擔心禾苗不長而把禾苗拔高的人，十分疲困地回去，對家人說：『今天累壞了！我幫助禾苗長高了。』他的兒子趕快跑去一看，禾苗都枯槁了。天下不幫助禾苗長高的人很少啊。以為養氣沒有用處而放棄的，是不為禾苗鋤草的人；主動助長的，是拔苗的人，不但沒有好處，反而傷害了它。」（《孟子・公孫

丑上》）

「揠苗助長」也能作為現代教育的借鏡，讓小孩子從小開始補習，而且什麼都補，最後卻導致孩子失去學習的興趣，豈不是得不償失？人生的路是長程賽跑，學習、修養也是一樣，應該要慢慢來，保存實力、培養興趣。宋朝學者說「在事上磨練」，磨練之後才知道自己的理論與實際有沒有脫節，儒家思想就是如此，不能脫離具體的實踐。浩然之氣是孟子的修養理論，而另一套也不能忽略，就是具體的考驗，人有修養，同時還要有生活考驗的配合，只有經過考驗，修養才能夠落實。

天降大任，身心的考驗

孟子有一段話很精采，「天將降大任於是人也」（《孟子・告子下》），這裡務必尊重《孟子》原文，是「是人」而非「斯人」，「是人」就是這個人，雖然意思一樣。上天要把大的責任交給這個人，這個人就辛苦了，就是先要他受苦受難。這話其實很有道理，哪裡有人生下來就一帆風順呢？蘇東坡寫了一首詩，《洗兒》：「人皆養子望聰明，我被聰明誤一生；唯願孩兒愚且魯，無災無難到公卿。」每個人都希望自己的孩子聰明，蘇東坡卻因聰明而一輩子過得很辛苦；因此他希望這個孩子既愚又魯（「柴也愚，參也魯」《論語・先進》），但天下父母心，還是期望孩子能夠無災無難就得到功名富貴。但是，人沒有經歷災難磨練，絕不可能出類拔萃。

「天將降大任於是人也，必先苦其心志」，折磨他的心志，讓人心想事不成，這時就要解讀成是上天在折磨我的心志。接著「勞其筋骨」，勞累他的筋骨，若是白天不勞累筋骨，晚上怎麼能夠真正休息呢？「餓其體膚」，使你的身體飢餓，最後「空乏其身」，窮盡你的體力。第一句與心志有關，心想事不成，苦其心志；接著勞其筋骨、餓其體膚、空乏其身，這三句都是針對身體。我年輕時比較幸運，中學住在學校宿舍，可以天天打籃球，也算是苦其心志、勞其筋骨，因為打籃球老是投不中，心想事不成。經過這樣的鍛鍊之後，能夠慢慢了解人生。參加任何競賽，不要以為輸了就是輸了，輸了有時候反而是贏了，因為輸了才知道人生的實際情況。贏了未必是好事，也許會以為自此一帆風順，將來遇到更大的考驗可能會承受不了。年輕的時候經常嘗到失敗的教訓，可以讓人懂得收斂，懂得在內心裡面下功夫。

孟子說完「苦其心志，勞其筋骨，餓其體膚，空乏其身」，接著說「行拂亂其所為」，使他的所作所為都不能如意，目的在於「動心忍性，增益其所不能」，這樣才可以震撼他的心思、堅韌他的性格、增加他以前所沒有的能力。人的能力都是訓練出來的，我看過一篇報導，一位美國田徑女選手曾經得過兩面奧運金牌。到了一定的年紀之後，她改打高爾夫球，兩年之後得到全美女子高爾夫球冠軍。記者讚美她是運動天才，她說從練習打高爾夫球開始，每天揮桿一千多次，揮到手抓不住球桿為止，兩年下來，球桿就像她的手的延長，愛打哪裡就打哪裡，這就是熟能生巧。

經過這樣的痛苦與磨練就一定會成功嗎？也不一定，但至少可以把焦點轉到內在成長，人在很多方面有了成績，最後還是要回到內心，若是不這麼做，等到年老的時候，外在條件不一樣了，要如何自處呢？可見孟子真的很有智慧，認為上天要賦予人們重大的任務，就必須先讓人們經歷這些考驗。

以猶太人為例，猶太人認為自己是上帝的選民，雖然直到一九四八年以色列才復國成功，但他們沒有失去信心，因為他們擁有祖國，所謂的祖國不是土地與國家，而是他們的聖經。猶太人只要帶著《摩西五書》、《律法書》，家鄉就無所不在，縱使浪跡天涯，卻從來沒有忘記過故鄉。而後好不容易復國了，但與周圍的國家卻從來沒有和平相處過。

猶太人曾經在埃及長期為奴，摩西帶他們出埃及時，必須經過紅海。據說一年有一個季節，海風能把海平面吹到大概一公尺高。那一年風勢特別強，海水被吹乾了，猶太人順利通行，當法老王的軍隊追來時，風正好停了，海水又上漲了。這樣的民族，一直認為自己是上帝的選民，最偉大但是最苦。從紅海到巴勒斯坦，就是現在以色列建國的地方，步行只要十一天，但是猶太人走了四十年。因為這些曾經在埃及做過奴隸、帶有奴性的人，在沙漠裡都老死了，進入福地的是新生的一代。奴隸性格很難改變，當他們在沙漠裡繞圈子時，多少次抱怨上帝，寧可在埃及做奴隸，至少還有飯吃。

孟子的話具有普遍的意義，他真的了解人性。我女兒國三的時候，有一天回家跟我說，她發現自己很崇拜孟子，我簡直不敢相信，以為那是某個藝人的藝名，還問她是哪一個孟子。她說你別著急，就是你常常講孔子、孟子的孟子。我一聽就放心了，覺得很興奮，但也很好奇，問她怎麼會崇拜孟子呢？她說因為今天國文老師教到孟子這一段：「天將降大任於是人也……」。她把這一段話唸完，表情正氣凜然，我看了很感動，沒想到孟子千載之後，還能影響這些小朋友，也讓我對這句話印象特別深刻。任何人只要認真讀《孟子》，都會感覺到振奮，我還特別問她最喜歡哪一句，她將用毛筆寫得歪歪斜斜的「動心忍性」四個字貼在桌子上當座右銘。但是什麼叫座右銘呢？做不到的事就是座右銘。後來我常常拿這事跟她開玩笑，不過她至少曾經立過志。年輕人的可貴就在於，看到好東西會嚮往，這是年輕人的特權；中年之後看到好東西沒什麼感覺，顧左右而言他。所以，人要把握年輕時真誠的心，要有學習的志向，見賢思齊，看到好的就要學。

萬物皆備於我

「浩然之氣」配合「天降大任」，最後出現「萬物皆備於我矣。反身而誠，樂莫大焉。」（《孟子・盡心上》）孟子說：「一切在我身上都齊備了。反省自己做到了完全真誠，就沒有比這更大的快樂了。」重點在於「樂莫大焉」，讀書人最喜歡看到別人說什麼是最大的快樂，看到就趕快學起來，希望能夠讓自己也快樂。在此，前提是「萬物皆備於我，反身而誠」，這到底在說什麼呢？

宋朝的學者說，「萬物之理皆備於我心」，人的心可以透過學習、了解而知道所有的理。本來不知道什麼是飛機，聽別人介紹之後，就知道什麼是飛機了。人的心有無限的容量，有可能了解萬物之理。但是這種解釋當然不對，如果萬物皆備於我，是說靠學習的「理」來得到的話，那麼永遠學不完，既然學不完，怎麼可以說萬物皆備呢？皆未備才是吧。

孟子說「萬物皆備於我」，並不是直接描寫，而是一種比喻的方式，意指人心無所欠缺，本來就圓滿了。一個人只要自覺，了解自我，就覺得生命此刻很圓滿。尤其是早上起來，睡得很好又吃了早餐，沒有什麼欠缺，只是要上班了。上班的時候要想，上班也是社會定位，在社會上有一個位置同別人互動，多知道一些互動的方法也不錯，這就是萬物皆備於我。西方有一句話我很喜歡，雖然講得不怎麼高明，「富有的方法就是降低欲望」，窮與富不在於有多少錢，因為那是相對的，窮與富在於心態，所以說知足常樂。因此，孟子說的「萬物皆備於我」，是指生命本身就已經圓滿了，作為萬物之靈，人不需要靠外在事物來支持。接著這句話之後，再說反身而誠，反省自己而發現自己做到了真誠，這真是無比的快樂。

孟子說過，「誠者，天之道也；思誠者，人之道也。」（《孟子・離婁上》）思誠者就是想要真誠，這就是人生的正路，只有人可以想要真誠或是不想要真誠，甚或想要不真誠。你現在想要真誠，恭喜你，走上人生的正路，「反身而誠」，反省自己發現確實做到真誠，沒有比這更大的快樂。我們常說心安理得、心裡沒有任何慚愧，或是都對得起別人。這一生真誠坦蕩，有什麼能與這樣的快樂相比呢？快樂有很多種，有的是吃飽喝足，有的是朋友相聚，有的是功成名就，有的是實至名歸。但是真正的快樂有一個原則，一定是在己不在人、求己不求人，否則快樂就受到限制了。

研究一套哲學，要注意幾個重點：第一，所講的系統是自己做得到的嗎？別人做得到的嗎？一定要讓所有人都做得到，才是我們要接受的哲學。如果要求一個人關起門來或到山上隱居，別人都做不到，學了有什麼用呢？第二，有沒有說明哲學修練的過程？如果有，才能依其法而行；第三，也是最重要的，做到之後會快樂嗎？

西方哲學對於痛苦、快樂有過深刻的思考。希臘時代的悲觀主義，認為人生最後都是痛苦，因為人有欲望，舊的欲望一旦消失，新的欲望又會出現，所以修練的目標就是怎麼對付欲望。但如果欲望都消失了，人活著又要做什麼呢？有個國王去拜訪一位智者，請教人生的智慧，結果得到的答覆是：人最好不要出生，出生之後最好早一點死掉。這樣的觀念傳開之後，很多人自殺了，國王只好下令不准他再講課。哲學是要讓人活著，並且活得快樂。研究哲學家的思想，通常都會看他如何界定快樂。

尼采常說他生不逢時，來早了一百年，因為他太聰明了。他說哲學家是文化的醫生，可以洞見文化的趨勢。他寫過一篇短文，有個瞎子大清早提著燈籠到市場去，別人問他大白天何必提燈籠？他說：「你沒有發現眼前一片漆黑嗎？上帝死了，宇宙不再有光明了。」如果上帝不存在，宇宙的一切都無法得到合理的解釋，也就喪失了意義，那不是一片漆黑嗎？意義就是理解的可能性，如果完全沒有神，怎麼解釋自己的生命呢？中國人喜歡講祖先，如果祖先都消失了，那麼我們活著做什麼？因為我們將來也會像祖先一樣消失，那麼人一生到底圖的是什麼？但是我們還要問，尼采快樂嗎？其實他也頗能自得其樂，他說如果沒有音樂，人生將是一種錯誤。叔本華是有名的悲觀哲學家，他甚至說過，高尚的道德就是自殺，若要避開自殺有兩個方法：第一，信仰宗教，由此節制欲望；第二，培養審美情操，審美的時候不帶有任何目的，可以當下就某種音樂或藝術讓自己感覺到解脫的快樂。

哲學家都有自己的出路，孟子提出各種修練的方法，很多人聽了都覺得有些壓力，尤其是那些國君與大臣。但是孟子也經常提到快樂，他說周文王很快樂，老百姓替周文王蓋園林的時候，是主動來的，「庶民子來」，老百姓像子女一樣跑來幫忙，因為要是蓋得很好，將來百姓也可以來遊玩。真正的快樂就是能夠把個人的生命敞開來，同其他人產生互動，「與民偕樂」。（《孟子・梁惠王上》）

儒家雖然重視和諧，但也有自己的原則。孟子也說：「自反而縮，雖千萬人吾往矣。」（《孟子・公孫丑上》）但要怎麼知道只有自己是對的，而千萬人都是錯的呢？這裡出現一個值得深思的問題。假設我到一個單位去，這個單位的人全都貪汙，而我堅持原則不貪汙，這還容易做到，因為貪不貪汙的對與錯太明顯了。天下的事都那麼明顯的話，誰會做壞事？或者，你做壞事就沒有什麼好爭辯的。一個團體能不能和諧固然重要，而更重要的是能不能維護正義，有沒有道義作為共同的原則。

孟子一方面關懷人群，希望自己的努力可以為天下人帶來福祉；另一方面他也很有原則，絕不因為天下人都有某種願望，為了與大家和平相處就不再堅持。這裡所牽涉的問題就比較複雜了，就是人要如何確定自己是對的？只有一個辦法，經常自我反省。常常想自己可能是錯的，想多了想久了，最後發現我實在沒錯，因為我先從自己可能犯錯來反省，這是儒家的特色。曾參「吾日三省吾身」，他講的都是反面，「為人謀，而不忠乎？與朋友交，而不信乎？傳，不習乎？」（《論語・學而》）他不說我一定忠心耿耿、我一定守信用，那樣就不叫反省，而是吹噓了。孔子的反省是「德之不脩，學之不講，聞義不能徙，不善不能改，是吾憂也。」（《論語・述而》）德行沒有修養好，學問沒有研究好，聽到該做的事沒有去做，有了錯誤沒有改過，這些是我所擔憂的。儒家的反省是先假定自己有錯，嚴格要求自己，若是不能確知自己沒錯，則不會說自己是對的。

儒家的自我要求這麼嚴格，但接著還要問天下人能不能接受，還要看天意如何。孔子說自己「五十而知天命」，孟子也說「天欲平治天下，當今之世，舍我其誰也？」（《孟子・公孫丑下》）天代表天命，也代表命運，若是條件不足，天時地利不能配合，自己再怎麼有本事，也必須收斂。孟子到很多國家與國君談了之後就離開了，離開之後，也免不了傷感。有人嘲笑他，明明知道齊宣王不是一塊材料，來了代表你不夠智慧；來了之後又待了幾年，怎麼沒有立刻就走呢？齊宣王也曾努力挽留孟子，雖然不能給他正式的官職，因為孟子一有實權，就要推行仁政，而齊宣王就有壓力了。齊宣王想在城裡蓋一棟房子讓孟子住下來，以便有問題可以隨時向孟子請教。

孟子聽到齊宣王這麼說，就說：「不敢請耳，固所願也。」（《孟子・公孫丑下》）意即：我不敢主動請求罷了，這本來就是我所希望的。千古之後，聽了這話不免傷感。這就是讀書人的風格，很含蓄又很有理想，但人生很多事情不能勉強。至少孟子留下了這些思想，讓我們可以學習與欣賞。

第三講：高尚其志

我們明白孟子的浩然之氣，也知道他「人性向善」的理論，接著就要探討一個人該怎麼立定志向。

孔子多次找機會與學生談志向。人生如果沒有志向與目標，力量就分散了。年輕時沒有志向，年老時發現自己一事無成就太遲了，畢竟時間一去不復返。尤其在修養德行方面，要從小養成好的生活習慣，與別人互動的模式也是如此。所以談到高尚其志的問題，可以從《孟子・滕文公上》裡引述顏淵的話，顏淵說：「舜，何人也？予，何人也？有為者亦若是。」舜是什麼樣的人？我是什麼樣的人？有所作為的人也會像他那樣。

《孟子》一書引用顏淵的話，實在讓人感動。顏淵一輩子生活清苦，德行很高，得到孔子的稱讚，但是我們很少聽到顏淵的話。他的修養很好，但他是如何去做的呢？幸好孟子保留了這句話，可以顯示顏淵取法乎上的特色，亦即他直接向舜學習，確實是最好的辦法。孔子讚美微子、箕子、比干、伯夷、叔齊，但也讚美管仲。管仲的作為符合儒家的原則，把目標定位在自己與別人之間，實現了適當的關係。這是對歷史事實的評價。孟子進一步提出一些假設的情況，他說：「禹、稷、顏子，易地則皆然。」（《孟子・離婁下》）大禹、后稷與顏淵，這三個人如果交換立場，都會做一樣的事。

孟子說：「大禹、后稷、顏回所遵循的原則是相同的。大禹想到天下有人溺水，就好像是自己讓他們溺水；后稷想到天下有人挨餓，就好像是自己讓他們挨餓，所以才會那麼急迫要去拯救。大禹、后稷、顏回如果互相交換處境，所做的事也會一樣。假定現在有同住一屋的人打架，為了阻止他們，即使披散著頭髮戴上帽子而未繫帽帶，也是可以的。如果是同鄉的鄰人打架，也披散著頭髮戴上帽子而未繫帽帶就趕去阻止，那就是糊塗了；這時即使關上門不管，也是可以的。」孟子認為這三人「易地則皆然」，因為人不能選擇時代與社會，只能對自己的理想負責。儒家的「同道」，是把自我實現與人群福祉連在一起，「善」不能脫離自我與群體之間的關係網絡。顏淵在當時的社會上，沒有得到任何位置，所以也無事可做，他就安心修德。還好有一個孟子，了解顏淵同禹、后稷的責任感是一樣的，因為顏淵的志向是要向舜學習。

肯定狂狷，批判鄉愿

我們如果要高尚其志，首先要避免成為「鄉愿」。孔子說：「鄉愿，德之賊也。」（《論語・陽貨》）不分是非的好好先生，正是敗壞道德風氣的小人。道德一定有是非、善惡，鄉愿就是不分是非、不分善惡，一般可以解讀為「好好先生」。不分是非也許能緩和緊張的氣氛，但是長期下來無異於姑息養奸，讓為善的人沒有什麼保障。

美國一位政治學者說，政治最怕殘酷。好人沒有好報，惡人沒有惡報，政治人物沒有社會正義，所有的人都變得殘忍了。孟子對於鄉愿有更完整的批評：「這種人，要指摘他，舉不出具體的事；要責罵他，也沒什麼可責罵的；他順從流行的風潮，迎合汙濁的社會，為人好像忠誠老實，做事好像方正乾淨，大家都喜歡他，他也認為自己很好，但是卻不可能同他一起實踐堯、舜的正道，所以說他是『傷害道德的人』。」（《孟子．盡心下》）若是對照《聖經》，鄉愿就是耶穌所說的法利賽人。挑不出他的毛病，大家都喜歡他，他也認為自己很好，所以不會改善、不會進步。耶穌說，這種人是毒蛇的種子。耶穌專門批判那些有權力的階級，「地獄的火為你們準備好了」，這讓他們無法忍受，所以有權勢的猶太人才會聯手對付耶穌。

孟子批評鄉愿的時候，幾乎可以聽到他咬牙切齒的聲音了。從孟子批判楊朱、墨翟的內容，就知道孟子的要求是高標準，取法乎上、絕不妥協。他以孔子作為後盾，引述孔子所說：「經過我門前，不進來向我請教，我不覺得遺憾的，就是鄉愿。」鄉愿沒有真誠的心，迎合世俗的風潮。如果一個人ＥＱ很高，和每個人都能協調各種情感，這並不是壞事，但是你不可能同這樣的人一起實踐堯舜的理想，「不可與入堯舜之道」。他阻礙了道德修養，而堯舜之道是要人成為君子、成為聖人。人生在世，其實有一個簡單的目標，就是讓自己的德行每天增加一點。人很容易熟悉自己，照鏡子最喜歡的都是老樣子，如果我們的德行一路走來，始終如一而沒有長進，那就完了。儒家的思想後來在《易經》的〈易傳〉裡面，借各種不同的卦來發揮，就是要反覆提醒世人，修德行善是每天都要做的，「自強不息，厚德載物，自昭明德」，就是要人不斷地修練德行。

很多事情，剛開始做的時候會覺得興奮，做久了便感到習以為常，好像沒什麼特別的，最好來一點更刺激的。但是如果不斷追求刺激，最後恐怕也很辛苦。真正值得興奮的，應該是讓自己每天都改善一點點，每天都增加一點點德行，昨天沒做好的，今天要做好；今天做好了，明天可以更好。像這種高度的自我要求，是對內不對外，挑戰非常大。以孝順父母為例，小時候與父母相處，每個月都進步一點；到中年的時候，與父母的感情變得深刻，父母也會肯定子女的孝心。父母在生活上出現什麼情況，你立刻知道，這就是你的德行不斷在進展。

德行修養只能要求自己，要求別人會很辛苦。孟子最推崇舜，因為舜的快樂在於讓父親對他感到滿意。舜的父親曾經想盡辦法要殺他，還好沒有發生家庭悲劇。孟子說，舜可以讓他的父親快樂，天下做父親的人都快樂了，因為舜使天下人都知道該如何與父母相處。奉行堯舜之道，就是不能有停下來的時候，每天都要問自己，我有沒有比昨天進步一點？很多人說這樣不是很累嗎？但重點是能不能從中獲得快樂。人生哪有不累的？每天吃飯睡覺會累；當學生念書也很累，希望早一點畢業；出了社會工作更累，希望早點退休；退休之後頓時失去重心還是很累。如果把人生的焦點，從外在拉到內在，讓德行可以成長，至於外面所有的遭遇，就隨遇而安吧！這就是儒家的特色。道家認為儒家太辛苦了，莊子嘲笑舜像一塊羊肉發出腥味，所以螞蟻跑來。老百姓就是螞蟻，螞蟻喜歡吃羊肉，羊肉不喜歡螞蟻，但是沒辦法，誰教你要發出這麼特別的味道呢？最後自己成為天子，照顧百姓五十六年，再累再老也不能退休。

儒家肯定狂狷之士。一個人言行適中，該怎麼說、該怎麼做都恰到好處，就是中行者，不過這種人太少了。孔子說，找不到中行的人做朋友，就一定要找狂狷之士。「狂者進取，狷者有所不為也」（《論語．子路》），狂者有高尚的目標，一直要往上奮鬥；狷者潔身自愛，有所不為。教育的目的，首先要讓學生做狷者，讓他們不屑於做沒有格調的事，要潔身自愛，有所不為。孟子說得更清楚，一個人有所不為，才能夠有所為。要排除某些選項，才能夠珍惜自己所選擇的。

進一步是作為狂者，狂者就是不斷上進，志向高遠。曾點就是孟子眼中的狂者，他覺得現代人不理想，要學習古代人。但缺點是「言不顧行，行不顧言」（《孟子．盡心下》），考察他們的行為，卻未必與他們的言論吻合。這也是每個人的壓力，我經常介紹儒家思想，但我真的可以做到儒家的要求嗎？我仍在努力之中，人生就是要不斷努力，如果要說都做到了，大概已經抵達生命的盡頭。孟子對狂者的批評，適合每一個人。人的理想，總是和現實有距離，我們不必去挑這種小毛病，能有理想就很可貴了。

不畏權貴，舍生取義

孟子把德行培養好，在現實生活中表現出來的特色就是不畏權貴。孟子說：「說大人則藐之，勿視其巍巍然。堂高數仞，榱題數尺，我得志弗為也。食前方丈，侍妾數百人，我得志弗為也。般樂飲酒，驅騁田獵，後車千乘，我得志弗為也。在彼者，皆我所不為也。在我者，皆古之制也。吾何畏彼哉？」（《孟子‧盡心下》）向權貴進言，就要輕視他，不要把他高高在上的樣子放在眼裡。殿堂幾丈高，屋簷幾尺寬，如果我得志，不會這麼做；酒菜擺滿一大桌，幾百姬妾在伺候，如果我得志，不會這麼做；飲酒作樂，馳騁打獵，追隨的車子上千輛，如果我得志，不會這麼做。在他所做的，我都不會做；在我所做的，都符合古代制度，我為什麼要怕他呢？

我們不要隨便講誰怕誰，要先問自己能不能做到以上三點。多少人是「昔日之芳草，今直為此蕭艾也」？當學生的時候，哪一個人不純潔？哪一個人沒理想？等當了大官，卻變成「今之蕭艾」，成為雜草。好人不努力，將來的下場就是如此。儒家認為人生不能鬆懈，那麼，快樂從何而來？

人生三樂，勝於帝王

孟子說：「君子有三樂，而王天下不與存焉。」（《孟子・盡心上》）君子有三種快樂，而稱王天下不在其中。這三種快樂是每一個人都可以得到的：第一，父母俱存，兄弟無故：這種快樂乍聽之下，好像焦點在於小小的家庭中，然而事實上，人要有父母才可盡孝，有兄弟姊妹才可盡悌，由此推擴到其他人身上，稱為順其自然。在實現人性向善的要求時，父母家人不僅合乎自然情感的願望，也提供了實現人性的基礎，這不是一大快樂嗎？

第二，仰不愧於天，俯不怍於人：人對「天」會覺得愧與不愧，因為天是至高主宰，並且天賦予人某種使命，亦即「存其心，養其性，所以事天也」（《孟子・盡心上》）所肯定的。孟子對天的信念是一貫的，只有存著謙卑及敬畏的心，人才可以在德行上日新又新。

對別人沒有慚愧，亦即沒有對不起什麼人，其實比較簡單。但是對天不覺得慚愧，就要問自己，在別人不知道的情況之下做了什麼，這即是慎獨的問題。在《大學》、《中庸》都提到慎獨，一個人獨處的時候，能不能謹慎？不要以為沒有人看到就沒有人知道，天是知道的。孔、孟都相信天，把天當作一個有意志的主宰，否則孔子為什麼說天命？孟子為什麼說「天欲平治天下，當今之世，舍我其誰也？」孔、孟所說的天不是自然之天，而是某種意義的神明，所以才要「仰不愧於天」。

信仰宗教的人知道，不愧對別人比較容易做到，但是不愧對自己所信仰的宗教卻很難。宗教所要求的，不是只有外在的法律規範，還有內心最深刻的起心動念。以佛教為例，老和尚與小和尚要過河的時候，看到來了一個漂亮的姑娘，姑娘一看河水，便說：「哎呀，河這麼深我不敢過，你們誰背我吧！」小和尚立刻閃開：「開玩笑，我們出家人怎麼可以背妳呢？」老和尚卻背著姑娘過河了。而後兩個和尚回到廟裡，當晚，小和尚愈想愈氣，就問老和尚說：

「你今天為什麼要背那個姑娘呢？」老和尚說：「我把她背過河就放下了，你到現在還沒有放下。」真正重要的不是做了什麼事，而是存心。對老和尚來說，他只是看到一個姑娘需要幫忙，並不在乎她漂不漂亮、年不年輕，並且把人背過河後，他就繼續做他應該做的事。

這樣的故事，一聽就知道宗教要求的是起心動念，儒家也有這種最純粹、最完美的要求。人如果不從這種要求下功夫，所有的一切都只能達到很低的程度，做一些算一些，別人說我不錯，大家都差不多，人生就如此浪費了。對於人生高標準的要求，宗教如此，儒家亦然。很多學者說儒家本身不是宗教，但是具有宗教情操。西方學者說中國有三大宗教，佛教、道教，加上儒教，但是他們說儒家是國家宗教，這麼一來，又不是很理想。國家是一個政治單位，儒家如果是國家宗教，等於把天子當作教主了，滿朝官員豈不變成教士了？事實上，天子自身能夠達到完美的境界嗎？這真是難上加難，因為權力容易使人腐化。歷代以來，儒家與官方的關係，有時候非常複雜。

孔子、孟子是原始的與純粹的儒家，後代很多讀書人只是表面上念念書，希望做個儒者而已，又有幾個人可以掌握「仰不愧於天，俯不怍於人」這句話的真諦？「天」不是天空，而是有意志、像神明一樣的主宰，簡直等於西方的上帝了。仰不愧於天，是問自己有沒有做出什麼讓天來責怪的事，如果沒有，才能夠展現浩然之氣。

第三，得天下英才而教育之：「教育」二字並不是老師這個行業的專利，而是每一位前輩或長輩都可以進行的；只要把自己的專長或心得，教給有心上進之人，都可得到這種快樂。我實在太幸運了，教書近四十年，得天下英才而教育之。很多人問我，是不是因為我在一所好大學教書？如果得天下英才而教育之是指在像臺大、清華或重點大學教書的話，那未免太幼稚了，這種快樂有幾個人可以得到呢？你問這些好學校的教授都快樂嗎？也不見得，因為學生優秀，對老師也是壓力。在這裡我們必須先了解什麼叫作英才？有志上進的人就是英才，這即是儒家的立場。

我這樣解釋，要回到孔子的思想來作個說明，不然會變成我自己的偏見。孔子說：「中人以上，可以語上也；中人以下，不可以語上也。」（《論語•

雍也》）一般人把這句話翻譯成：中等資質以上的，可以同他講高深的道理；中等資質以下的，就沒辦法同他講高深的道理？然而這樣的翻譯是不對的，這樣一來，表示我們先把學生分等級了，結果發現百分之八十都是中等生，中等以上只占百分之十，中等以下也只占百分之十。如果中等以上的人，可以同他討論高深的問題，那麼有沒有包括中等的人呢？如果包括，不是百分之九十的學生都可以跟他們講高深道理了嗎？中等資質以下的人，不能同他談論高深的道理，那麼有沒有包括中等的人呢？假使又包括，那中等資質的學生在中間，上面也要聽、底下又不能聽，那不是很奇怪嗎？

所以這句話應該翻譯為：中等資質的人願意上進，就可以告訴他們高深的道理；中等資質的人自甘墮落，就沒辦法告訴他們高深的道理了。大多數人都是中等資質的人，孔子說過「唯上智與下愚不移」（《論語・陽貨》），這句話就是證據。只有最明智與最愚昧的人是不會改變的，所以對他講什麼都沒用。學生本身是否願意上進，才是關鍵。儒家重視教育，兩千多年以來，不把這句話說清楚，怎麼談教育呢？

孟子所謂得天下英才而教育之的「英才」，就是指有心上進的人，而不是只把會念書的當作英才的標準。儒家從來不會只重視念書考試升學，儒家更重視德行。孟子說，能得到天下那些有心上進的年輕人來教導，是第三種快樂。如此，孟子的思想系統用快樂作為最後的驗證，就非常理想了。

孟子說，一個人「父母俱存，兄弟無故」，比當帝王更快樂。父母健在時，自己對父母的孝心可以實現；父母健在時，自己會更懂得尊重年紀大的長輩。孟子幾乎可以說是舜的知音，他說舜這個人，「天下的士人喜歡他，這是人人想要的，卻不足以消除他的憂愁；美麗的女子是人人想要的，他娶了帝堯的兩個女兒，卻不足以消除他的憂愁；財富是人人想要的，他有了天下的財富，卻不足以消除他的憂愁；尊貴是人人想要的，他尊貴到當了天子，卻不足以消除他的憂愁。士人的喜歡、美麗的女子、財富與尊貴，沒有一樣足以消除憂愁的，只有順了父母的心意，才可以消除憂愁。」孟子這段話，讓人看了真是感動，真正的答案是「惟順於父母，可以解憂」（《孟子・萬章上》），只有順了父母的心意，讓父母開心了，才可以消除他的憂愁。

孟子如此推崇舜，是因為舜能夠在父親、後母、弟弟聯手要殺害他時，仍努力盡孝，《孟子・萬章上》有非常詳細的記載。

萬章說：「父母叫舜修理穀倉，等他上了屋頂就抽掉梯子，父親瞽叟還放火燒穀倉。他們又叫舜去疏通水井，然後把井口蓋起來，卻不知舜從旁邊挖洞出來了。舜的弟弟象說：『謀害舜都是我的功勞，牛羊分給父母，糧食分給父母，干戈歸我，琴歸我，弓歸我，讓兩個嫂嫂替我整理床鋪。』象走進舜的屋子，舜坐在床邊彈琴。象說：『我真是想念你啊！』神情頗為尷尬。舜說：『我惦念著這些臣下和百姓，你替我去管理吧。』我不清楚舜是真的不知道象要殺害他嗎？」

孟子說：「怎麼會不知道呢？不過，看到象憂愁，他也憂愁；看到象高興，他也高興。」

萬章說：「那麼，舜是假裝高興的嗎？」

孟子說：「不。從前有人送條活魚給鄭國的子產，子產叫主管池塘的人把魚養在池子裡，這人卻把魚烹煮吃了，回來報告說：『剛放進池子裡，牠還不太活動，一會兒就搖擺著尾巴游開了，一轉眼就游到遠處不見了。』子產說：『找到了好去處啊！找到了好去處啊！』這人出來後說：『誰說子產聰明？我把魚烹煮吃了，他還說找到了好去處啊！找到了好去處啊！』所以，對於君子，可以用合乎情理的事欺騙他，卻很難用違背他原則的事來矇騙他。象裝著敬愛兄長的樣子來了，舜就真心相信而喜歡他，有什麼假裝的地方呢？」

萬章請教說：「象每天都把謀殺舜當成自己要做的事，舜成為天子之後卻只是放逐他去外地，這是什麼緣故？」

孟子說：「是封象為諸侯，有人說是放逐罷了。」

萬章說：「舜把共工流放到幽州，把驩兜放逐到崇山，在三危殺死三苗的君主，在羽山處決了鯀；將這四人治了罪，天下便都歸服，因為懲罰的是沒有仁德的人。象是最沒有仁德的，卻封給他有庳。有庳的百姓有什麼罪過呢？有仁德的君主竟然可以這麼做嗎？對別人就嚴加懲罰，對弟弟就封給他國土？」

孟子說：「有仁德的人對待自己的弟弟，既不存著怒氣，也不留著怨恨，只是想要親近他、愛護他而已。親近他，就要讓他尊貴；愛護他，就要讓他富有。把有庳封給他，就是要使他既富有又尊貴。自己當了天子，弟弟卻是一個百姓，這樣能說是親近他、愛護他嗎？」

萬章說：「請問，有人說是放逐，這話怎麼說呢？」

孟子說：「象不能在他的國土上任意行事，天子派遣官吏治理他的國家並且收取貢稅，所以會說他是被放逐。象怎能虐待他的百姓呢？雖然如此，舜還是想常常看到象，所以象也不斷來和舜相見。所謂：『不必等到朝貢的日子，平常也以政事為名接見有庳的國君。』就是在說這件事啊。」

《孟子・盡心上》，桃應請教孟子說：「舜是天子，皋陶是法官，如果瞽叟殺了人，應該怎麼辦？」

孟子說：「逮捕他就是了。」

桃應說：「那麼舜不會阻止嗎？」

孟子說：「舜怎麼能阻止呢？皋陶是於法有據的。」

桃應說：「那麼，舜又怎麼辦呢？」

孟子說：「舜把丟棄天下看成像是丟棄破草鞋一樣。他會偷偷地背著父親逃跑，沿著海邊住下來，一輩子開開心心，快樂得忘記了天下。」

舜若仍居天子之位，就必須維持法律，依法審判瞽叟。但是，他若下臺成為百姓，就會以孝道為先，想盡辦法保護父親。這種觀念，與孔子所謂「父為子隱，子為父隱，直在其中矣」的立場是一致的。儒家並非以情害法，而是肯定人情為恆在的，是人性的自然表現。情與法不能兼顧時，則以不違人情為要。

所以，真正的儒家思想有原則、有立場、有變通，也知道什麼是最根本的，一個人如果不能同父母與兄弟姊妹處得好，「一室之不治，何以天下國家為？」然而很多人都覺得，一家人相處真不容易，星座相剋、八字相沖的都有，但這就是磨練和修練。如果覺得和家人相處不容易，就想想舜吧，有比舜更慘的嗎？儒家引述一些古代歷史，至於是不是真有這些事，還可以研究，但至少孟子讀過很多書。司馬遷《史記》中的〈五帝本紀〉也可以看到確實有類似的故事。

孟子肯定的第一種快樂是「父母俱存，兄弟無故」，我們不要把它想成狹隘的家庭主義，而要解讀為：人的真誠情感，一定是從父母與兄弟姊妹開始，這是本能的自然願望，再由此延伸出去，推廣到天下人，做到「仰不愧於天，俯不怍於人」。我們一再強調，從這幾個角度，一方面是我與別人的關係，要從最親近的到最疏遠的天下人。很多人不喜歡《孟子》，是因為它編排的順序，前面幾篇都是和國君的對話，談到政治，大家都覺得很疏遠。但是不要忘記，孟子說了幾句話之後就會談到老百姓。譬如，國君去打獵，好多隊伍跟著跑，老百姓就抱怨了，國君自己一個人享受，我們卻受苦受難。相反的，如果國君照顧老百姓，國君出去打獵，老百姓就會說我們的國君身體一定很健康，不然怎麼能打獵呢？國君在皇宮裡面聽音樂，音樂聲傳到宮牆外，老百姓說，我們的國君一定很健康，不然怎麼能聽音樂呢？（《孟子・梁惠王下》）孟子描寫得多麼生動，讓這些國君聽了之後心嚮往之，也真的希望當自己享受時，老百姓也能一起快樂，與民偕樂。

孟子提到「反身而誠，樂莫大焉」、「君子有三樂」，我們也可以明白，原來學習儒家很快樂。如果修德行善要先了解各種理論，現在也都沒有問題了，因為最後是快樂的。

主題四：人格修養六境

第一講：效法聖賢典型

孔子心目中的「聖」有極高的標準，他曾經說過：「聖人，吾不得而見之矣；得見君子者，斯可矣。」（《論語・述而》）聖人，我是沒有機會見到了，能夠見到君子，也就不錯了。孔子接著又說：「善人，吾不得而見之矣；得見有恆者，斯可矣。」善人，我是沒有機會見到了，能夠見到有恆的人，也就不錯了。這裡出現四個名詞，聖人底下是君子，善人底下是有恆者。一個人有恆，可以成為善人。講到儒家「善」的觀念時，不必想像人生下來是本善的，善人是需要不斷努力實踐，但是一定要有恆心。因為向善，所以需要有恆，不斷地做，到最後成為善人。

在聖人這個標準底下有君子，君子是準備成為聖人的。所以努力做個君子，最後有可能成為聖人。兩者的差別在於，孔子認為聖人一定牽涉到所謂的內聖外王。「內聖外王」一詞出現在《莊子．天下》。儒家以此為理想，子貢請教孔子：「如有博施於民而能濟眾，何如？可謂仁乎？」（《論語．雍也》）廣泛的施恩給百姓，又能夠幫助百姓，這樣算行仁嗎？孔子的志向「老者安之」云云也是類似的觀念。孔子聽了之後，回答說：「何事於仁，必也聖乎！堯舜其猶病諸！」這樣何止於行仁，一定要說的話，已經算是成聖了！連堯舜都會覺得難以做到啊！這代表堯舜可以稱為聖人，但是這樣的聖人也有做不到的事。

孔子也說堯舜都覺得很難做到「修己以安百姓」（《論語．憲問》），修養自己，然後安定天下百姓。修養自己就是追求內聖，使自己具有完美的德行，然後稱王天下照顧百姓。儒家對於人間的了解在於，一個人成為帝王有其條件，如果內在的德行能夠與外在的事功配合，就是真正的聖人。孔子的標準非常高，他沒見過聖人，堯舜可以算聖人了，不過還是有值得努力的地方。

有一次太宰（有人說是吳國的大夫伯嚭）請教子貢：「孔子是一位聖人吧？為什麼有這麼多才幹呢？」他以為聖人是才幹與能力過人者。子貢說：「這是天要讓他成為聖人，並且具有多方面的才幹。」孔子聽到這段話，就說：「這個太宰了解我啊！」「吾少也賤，故多能鄙事」，我年輕時貧困卑微，所以學會了一些瑣碎的技藝。孔子最後又加了一句：「君子多乎哉？不多也。」做一個君子，需要具備這麼多才幹嗎？我想其實是不需要的，因為修德為重。（《論語‧子罕》）

孔子沒有正面答覆自己算不算聖人，他公開說的是：「若聖與仁，則吾豈敢？抑為之不厭，誨人不倦，則可謂云爾已矣。」（《論語‧述而》）像聖與仁的境界，我怎麼敢當？如果說是以此為目標，努力實踐而不厭煩，教導別人而不倦怠，或許我還可以做到。

孟子說：「從前子貢請教孔子說：『先生是聖人了吧？』孔子說：『聖人，我做不到，我只是學習而不厭煩，教人而不倦怠。』子貢說：『學習而不厭煩，就是明智；教人而不倦怠，就是仁德。仁德加上明智，先生已經是聖人了。』聖人，孔子還不敢自居。」（《孟子・公孫丑上》）孔子的學生稱讚孔子也許很主觀，但是隔了一百多年，到孟子的時候應該比較客觀了吧。也有人說孟子也算儒家，他也不太客觀，這樣說來就很難作任何評論了。

孔子的時代，「聖人」還是比較模糊的概念，往往只是指稱少數帝王，兼具德行和事功。到孟子的時候，他的標準比較寬，常使用「聖人」一名，「我要努力學習這三位聖人，大禹治好洪水，周武王起來革命，還有孔子用他的言論來匡正人間的觀念。」（《孟子・滕文公下》）孟子說的聖人，是指古代對老百姓有功的人，而他的目標很明顯，要學習這些偉大的人。

聖人類型：清者，和者，任者，時者

《孟子・萬章下》明確區分四種聖人：「伯夷是聖人中清高的；伊尹是聖人中負責的；柳下惠是聖人中隨和的；孔子則是聖人中最合時宜的。」他以伯夷、伊尹、柳下惠、孔子四人為例，分別代表聖人之中的「清者、任者、和者、時者」，並且以孔子為集大成。「時者」為何特別困難，一方面有始有終，另一方面能以智慧配合聖德，使生命猶如一首完美的樂章。

我們先說明這四種人格典型，然後分析我們能向他們學習之處。首先，孟子眼中的伯夷是：「伯夷，眼睛不看邪惡的事物，耳朵不聽邪惡的話語。不是理想的君主不去服事，不是理想的百姓不去使喚。天下安定就出來做官，天下動亂就退而隱居。施行暴政的國家，住有暴民的地方，他都不願去居住。他覺得與沒教養的鄉下人相處，就像穿戴禮服禮帽坐在泥土炭灰上一樣。在商紂當政時，他住在北海的海邊，等待天下清明。因此，聽說了伯夷作風的人，貪婪的變得廉潔了，懦弱的立定志向了。」

商朝末年，天下形勢動盪不安，有一個小國叫孤竹國，國君有三個兒子，伯夷是老大、叔齊是老三，他們約定去投靠周文王，好讓老二接掌國君的位置。當時很多人都搶著做國君，他們的作為便顯得相當難得。周文王死後，武王準備革命，伯夷、叔齊兩兄弟就拉著他的馬不讓他走。夏朝四百多年、商朝六百多年，大家習慣了天下是商朝的，「普天之下，莫非王土；率土之濱，莫非王臣」（《詩經‧小雅‧北山》），革命不是太可怕了嗎？周武王順天應人，不能不革命，兩兄弟就跑到首陽山上，「義不食周粟」（《史記‧伯夷列傳》），他們不吃周朝的米，最後餓死了。他們天生個性就非常清高，一生堅持到底，達到最高點，所以稱作聖人。因此伯夷是聖人中最清高的。

第二，柳下惠。孟子說：「柳下惠不以壞君主為羞恥，也不以官職低為卑下。入朝做官，不隱藏才幹，但一定遵循自己的原則。丟官去職而不抱怨，倒楣窮困而不憂愁。與沒教養的鄉下人相處，他態度隨和不忍心離開。『你是你，我是我，你即使在我旁邊赤身裸體，又怎能玷汙我呢？』所以，聽說了柳下惠作風的人，狹隘的變得開朗了，刻薄的變得敦厚了。」

關於柳下惠的故事很多，最有名的是有一次柳下惠遠行，夜宿在城外，有一女子前來投宿，時值冬日，天氣寒冷，柳下惠便讓其坐在懷中取暖，一整夜都沒有發生任何越禮之事。柳下惠很隨和，也不會挑別人毛病。他姓展，柳下惠是後來的謚號。《莊子‧盜跖》，依據莊子的說法，柳下惠有一個弟弟是強盜，名叫跖。這個弟弟太聰明了，「心如湧泉，意若飄風」，八個字就把他的才華寫出來了。「心如湧泉」是他的心思像泉水湧出來擋不住；「意若飄風」是他的念頭像飄風一樣，沒有人趕得上。

孟子認為，聽說了伯夷作風的人，貪婪的變得廉潔了，懦弱的立定志向了。聽說了柳下惠作風的人，狹隘的變得開朗了，刻薄的變得敦厚了，「聖之清者，聖之和者」是兩種不同的類型。不過，孟子也說：「伯夷器量狹隘，柳下惠態度不嚴肅。狹隘與不嚴肅，君子是不這麼做的。」由此可見，孟子希望能取其中道。

第三種類型，「聖之任者也」，伊尹。孟子說：「伊尹說：『對任何君主都可以服事，對任何百姓都可以使喚。』天下安定出來做官，天下動亂也出來做官，並且說：『天生育了這些百姓，就是要使先知道的去開導後知道的，使先覺悟的去啟發後覺悟的。我是天生育的百姓中先覺悟的人，我將用堯、舜的這種理想來使百姓覺悟。』天下的百姓，如果有一個男子或一個婦女沒有享受到堯、舜的恩澤，就像是自己把他們推進山溝裡一樣。他就如此把天下的重任擔在自己肩上。」

孟子說：「地位卑下時，不以賢者的身分服事不賢的君主，這是伯夷的作風；五次去湯那裡服務，五次去桀那裡服務，這是伊尹的作風；不厭惡昏庸的君主，不拒絕卑微的官職，這是柳下惠的作風。以上三人的作風不同，但方向是一樣的。一樣的是什麼？應該說，就是仁德。君子只要實行仁德就好了，何必要做法相同呢？」（《孟子・告子下》）人生的快樂是修德行善，一般人如果不懂道理，不容易把修德行善當作快樂，反而會把修德行善當作壓力與痛苦。一個人只要懂得人性向善的道理，行善自然就會快樂。堯舜之道的基本立場也是一樣的。

最後談到孔子，孟子最希望學的是孔子，「孔子離開齊國時，撈起正在淘洗的米就上路；離開魯國時，卻說：『我們慢慢走吧，這是離開祖國的態度。』應該速去就速去，應該久留就久留，應該閒居就閒居，應該做官就做官，這是孔子的作風。」

伯夷、柳下惠、伊尹這三種聖人，只能把自己的性格推到極點，各有一種特定的表現，而孔子兼具各種表現。孟子的判斷是依據《論語・微子》，孔子說：「志節不受委屈，人格不受侮辱的，是伯夷、叔齊吧！」又說：「柳下惠與少連，志節受委屈，人格受侮辱，可是言語合乎規矩，行為經過考慮，就是如此吧！」又說：「虞仲與夷逸，隱居起來，放言高論，人格表現廉潔，被廢也合乎權宜。我是與這些人都不同的，沒有一定要怎麼做，也沒有一定不要怎麼做。」孔子隨機應變，因為時機不同，不可以一意孤行，膠柱鼓瑟。難怪孔子會說沒有人了解他，因為無法全面認識他的思想，沒有一定要這樣，也沒有一定不要這樣，這就是儒家的智慧。

儒家的智慧符合現代人的需要，為人處事要有原則，但是也要有彈性，若是任何事情一路做到底就糟了。孟子說：「大人者，言不必信，行不必果，惟義所在。」（《孟子・離婁下》）這也是無可無不可。看情況並不是要看風向，而是要保持高度的警覺，保持一顆清明的心，隨時作正確的判斷，這是智慧的挑戰。孟子就是這樣稱讚孔子的。

孟子以孔子為典範，所以他對事情也有清楚的判斷。《孟子・梁惠王下》

記載：魯平公準備外出，寵臣臧倉請示說：「平日國君外出，一定告訴執事官員要去的地方。現在車馬已經預備好了，執事官員還不知道您要去哪裡，因此冒昧請示。」魯平公說：「要去見孟子。」臧倉說：「國君降低自己的身分主動去見一個普通人，是為了什麼？是認為他是賢良的人嗎？賢良的人應該做到守禮與義行，但是孟子為母親辦的喪事，排場超過先前為父親辦的喪事。您別去看他吧！」魯平公說：「好。」

樂正子前去謁見，說：「國君為什麼不去見孟軻呢？」魯平公說：「有人告訴我，『孟子為母親辦的喪事，排場超過先前為父親辦的喪事』，所以我不去見他。」樂正子說：「您所謂的超過是指什麼呢？是指先前用士禮，後來用大夫之禮；先前用三個鼎擺設供品，後來用五個鼎擺設供品嗎？」魯平公說：「不，我所指的是棺槨衣物的華美。」樂正子說：「這不叫超過，而是前後貧富不同的緣故。」

樂正子去見孟子，說：「我向國君說過，他打算來看您的。寵臣中有個叫臧倉的阻止他，所以他最後沒有來。」孟子說：「要來，有鼓動的力量；不要來，有阻止的力量。來與不來，不是人力所能左右的。我不能與魯侯會晤，那是天意。姓臧的這個人怎能使我不與魯侯會晤呢？」

孟子到魯國去安葬母親，返回齊國時，在嬴地停留。充虞請教說：「前些日子您不知我沒有才幹，派我監理棺槨的製造，當時事情匆迫，不敢請教。現在想冒昧問一下，棺木好像太華美了吧？」孟子說：「上古對於棺槨的厚度沒有規定，中古規定棺七寸，槨的厚度與棺相稱。從天子直到百姓，講究棺槨不只是為了美觀，而是要這樣才算盡了孝心。如果受法令限制不能這麼做，就不會稱心；如果沒有錢財可以這麼做，也不會稱心。既合法令又有錢財，古代人都這麼做了，為什麼只有我不可以呢？並且能使泥土避免靠近死者的肌膚，在人子心中難道不欣慰嗎？我聽說過：君子不會因為愛惜天下財物而儉約父母的喪事。」（《孟子・公孫丑下》）

孟子與墨家談到喪禮的來源：「大概上古曾有不埋葬父母的人，父母死了就抬去丟在山溝裡。過了幾天經過那裡，看見狐狸在啃他父母的屍體，蒼蠅蚊蟲也在上面吸吮。那人額頭上冒出汗來，斜著眼不敢正視。這些汗不是流給別人看的，而是內心的悔恨表露在臉上，於是他就回家拿了鋤頭畚箕把屍體掩埋了。掩埋屍體確實是對的，那麼孝子仁人埋葬他們過世的父母，就必定有道理了。」（《孟子・滕文公上》）這是孟子合理的推論。任何人要批評孟子，他都會說出自己的理由，因為他也是學習孔子，深具智慧。

孟子講了一段很生動的話：「伯夷是聖人中清高的，伊尹是聖人中負責的，柳下惠是聖人中隨和的，孔子是聖人中最合時宜的。孔子可以說是集聖人的大成。所謂集大成就像開始奏樂時先敲鎛鐘，最後擊玉磬來結束。鎛鐘的聲音，是旋律節奏的開始；玉磬的聲音，是旋律節奏的結束。開始奏出旋律節奏，要靠智慧；最後奏出旋律節奏，要靠聖德。智慧有如技巧，聖德有如力氣。就像在百步以外射箭，射到目標區那一帶，是靠你的力氣；射中目標，就不是靠你的力氣了。」

要效法孔子，不但要有德行，還需要智慧加以配合。孟子說的前面三種聖人都有各自的性格，就像我們會有不同性格的朋友，有的性格比較溫和，一輩子就溫和到底；有的性格比較勇敢，一輩子勇敢到底。事實上溫和是很好，但偶爾要勇敢一點；勇敢也很好，不過偶爾要溫和一點。大多數人一輩子都走在自己性格早已設定的路上，不能變通。性格就是命運，改變需要智慧。一個真誠的人，一輩子努力按照性格的趨向去做，可以成為一種特定的聖人，如果還努力學習培養智慧，那就有希望學到孔子「聖之時者也」，該怎麼樣就怎麼樣，一切依時機而定。

我們在累積豐富的人生經驗後，會發現好人有時很難相處。水清則無魚，這個人太高尚了，同他在一起，好像只能關心他有興趣的事情，除此之外，他看也不看。一個社會比較需要有原則又能隨機應變的人，整個社會才有活潑的創新力量。孔子在德行之外，還加上了智慧。人是有理性的，理性透過學習、培養、發展，可以構成智慧。智慧是什麼？西方對於「哲學」的解釋就是愛好智慧。智慧不是一般的資訊或知識，而是一定會牽涉到完整而根本的見識。如果對人生有完整而根本的理解，就代表擁有智慧了。

少數的天才年紀很輕時就可以了解完整而根本的智慧。注解《老子》的王弼（226-249），得年才二十三歲，卻是一個偉大的學者，因為他設法從完整、根本的角度來說明老子的系統，這就是智慧。孔子的智慧是顯而易見的，他博學多聞，又能夠建構系統。至於其他幾位聖人，就不確知他們有沒有特殊的訓練與學習的過程，我們只知道伯夷在歷史的舞臺上，成為司馬遷《史記》的列傳之首。

舜的表率：從孝順到治天下

對孟子來說，除了上述這四位聖人，堯舜當然也是聖人的代表。孟子較少談及堯，但對舜特別有研究。舜的事蹟不少，而孟子不厭其煩強調的是舜的孝順。孝順是每個人最基本的要求，如果做不到孝順，就無法愛護百姓、關懷朋友。孟子說：「身居下位而得不到長官的支持，是不可能治理好百姓的。要得到長官的支持有方法，如果不被朋友信任，就得不到長官的支持了。要被朋友信任有方法，如果事奉父母未能讓父母高興，就不會被朋友信任了。要讓父母高興有方法，如果反省自己卻不夠真誠，就無法讓父母高興了。要真誠反省自己有方法，如果不明白什麼是善，就不能真誠反省自己了。因此，真誠是天的運作模式，追求真誠是人的正確途徑。極端真誠而不能使人感動，是不曾有過的事；如果沒有真誠，是絕不能感動別人的。」（《孟子‧離婁上》）

《中庸》對此發揮得十分透澈，亦即「明善誠身」。如果不明白什麼是善，就很難讓自己真誠。因為人性向善，不了解善的話，將會抓不到重點。《中庸‧第二十一章》：「自誠明，謂之性；自明誠，謂之教。誠則明矣，明則誠矣。」由真誠而能明善，是天性。由明善而能真誠，是教化。真誠到一定程度就會明善；明善到一定程度就會真誠。

教育不是教人念書考試，而是教人如何做人處事。懂了做人處事的道理，才能夠理解人應該由內而發地真誠，化被動為主動。從明到誠是教育，如果沒有機會受教育，就要由誠而明。我很真誠，發現力量由內而發，才知道我做的事情是善的。《中庸》的內容精采扼要，與其說是子思所作，不如說是在孟子以後發展而成。從孟子所說「誠身有道，不明乎善，不誠其身矣。是故誠者，天之道也；思誠者，人之道也。至誠而不動者，未之有也；不誠，未有能動者也」這一段話看來，正好完全呼應。

任何一種德行，只要認真去做，最後就能爐火純青。最怕的是分散力量，同時想做三件事，卻沒有一件做得好。孔子也說：「晏平仲善與人交，久而敬之。」（《論語・公冶長》）通常我們與人交往愈久，愈不容易受人尊重了，因為掌握不到分寸。這是儒家所要提醒我們的。

以孔子為師

孟子說：「孔子曾經做過管理倉庫的小吏，他說：『帳目核對無誤就行了。』又曾經做過管理牲畜的小吏，他說：『牛羊長得肥壯就行了。』地位低下而議論朝廷大事，是罪過；在君主的朝廷上做官而正道無法推行，是恥辱。」（《孟子・萬章下》）孔子年輕時做過「委吏」、「乘田」。這一段是十分寶貴的資料，使我們對孔子所謂的「吾少也賤，故多能鄙事」，以及「吾不試，故藝」（《論語・子罕》），得到更清楚的了解。唯其在年幼時多受考驗，才可歷練出卓越不凡的性格與抱負。孟子以孔子為師，學習孔子的智慧。智慧不是憑空而來的，一定需要在事上磨練，以致任何情況都能掌握住，什麼是我的原則？什麼是我的變通？孟子效法聖賢典型，努力把這些聖人的做法都學會。

孟子說自己效法禹、周武王還有孔子，而以孔子為最，因為「社會紛亂，正道不明，荒謬的學說、暴虐的行為又紛紛出現了。有大臣殺君主的，有兒子殺父親的。孔子感到憂懼，編寫了《春秋》。《春秋》對歷史人物作評價，這原是天子的職權。所以孔子說：『了解我的，大概就在於這部《春秋》吧！怪罪我的，大概就在於這部《春秋》吧！』

「現在，聖王不再興起，諸侯無所顧忌，士人亂發議論，楊朱、墨翟的說法到處流行。天下的言論，不是歸向楊朱一派，就是歸向墨翟一派。楊朱主張一切都為自己，這是無視於君主的存在；墨翟主張愛人不分差等，這是無視於父母的存在；無視於父母與君主的存在，那就成禽獸了。公明儀說：『廚房裡有肥肉，馬廄裡有肥馬，可是百姓面帶飢色，野外有餓死的屍體，這等於率領野獸來吃人。』

「楊朱、墨翟的思想不消除，孔子的思想不發揚，荒謬的學說就會欺騙百姓，阻塞仁德與義行。仁德與義行被阻塞，就會導致率領野獸來吃人，人與人也將互相殘食。我為此感到憂懼，所以要捍衛古代聖人的思想，批駁楊朱、墨翟的說法，排斥荒誕的言論，使那些宣傳邪說的人不能得勢。偏邪的思想從心裡產生，就會誤導他的行事；在行事上表現出來，就會危害他的政治。即使聖人再度出現，也不會改變我的這番話。」（《孟子．滕文公下》）

儒家的思想，是把「正義」放在歷史的過程中加以實踐，儒家不是宗教，宗教直接論斷死後審判、死後輪迴，儒家的做法則是合乎古代的背景。《易經．坤卦．文言》說：「積善之家，必有餘慶；積不善之家，必有餘殃。」以家為單位，善惡會報應在子孫身上，很多人也會警惕自己不可禍延子孫，不過，子孫畢竟還是少數人的範圍。中國歷史特別重視善惡的判斷，這裡不能談永恆，而歷史是時間的延長，就用這個方式來提出善惡的判斷，讓活著的人感到警惕。雖然沒有信仰宗教，但是歷史上把我的名字寫成壞人，那總是很難看吧！孟子特別提到周厲王與周幽王，厲代表兇殘，幽代表陰暗，這兩個王被稱為厲王、幽王，就算之後有一百代好的子孫，也不能把他們祖先的汙名給去掉。

太史公用歷史作為善惡的檢證。司馬遷寫《史記》的時候，要「究天人之際，通古今之變，成一家之言」，這種理想是受儒家思想的影響。他的家學，是同樣身為太史公的父親司馬談一代代傳承下來的。孔子編寫《春秋》，代替天子來評定人間善惡，使天下重歸正道，但事實上，後代的歷史並不見得那麼客觀，有很多都是選擇性的解釋，甚至還有根據帝王的意思去調整的。所以我們看到聖賢典型，孟子為什麼要批判楊墨，他就是要學孔子。孟子的時代，「天下之言，不歸楊則歸墨。楊氏為我，是無君也；墨氏兼愛，是無父也。無父無君，是禽獸也」，講到激動處時，孟子甚至說「聖人復起，必從吾言矣」（《孟子・公孫丑上》）。

孔子對聖人的看法與孟子的不太一樣，孟子具體化找幾個人物作為代表，聖之清者、聖之和者、聖之任者，孔子集大成，代表聖之時者，是最高的理想，有如金聲而玉振，指的正是孔子的教化。

我們可以學習聖人的各種典型，按照自己的個性努力修德，或許可以做到其中的一種，但是要達到孔子的聖之時者的理想，一定要培養應用的智慧，這樣才合乎孟子要求的標準。

第二講：人格的六種境界

一般談到人格修養，總覺得是個龐大的壓力，好像永無止境，不是做到一定程度就能停止，那麼究竟要如何才能達到圓滿呢？孟子的學生樂正子要回魯國做官，孟子高興得睡不著覺。別人問他，樂正子是怎麼樣的人？孟子說他好善，喜歡做善的行為、喜歡聽善的言語。（《孟子．盡心下》）一個人無論天生資質如何，如果不好善，那就沒得談了。

《孟子》一書中，非常肯定好善的表現。孟子說：「子路，別人指出他的過錯，他就歡喜。禹，聽到良善的言詞就拜謝。偉大的舜更是了不起，善行與別人分享，捨棄自己而追隨別人，樂於吸取別人的優點來自己行善。從當農夫、陶工、漁夫，直到成為天子，沒有一項優點不是向別人學來的。吸取眾人的優點來自己行善，就是偕同別人一起行善。所以君子最高的楷模就是偕同別人一起行善。」（《孟子‧公孫丑上》）

「與人為善」，幫助及偕同別人一起行善，是儒家的基本主張，因為「善」是「個人與他人之間適當關係的實現」，所以一人行善，自然會有相關之人受到正面影響。但是，自覺此一效應而努力行善，仍是作為君子的最高目標。孟子將子路與禹、舜並列討論，深具歷史眼光。由此可知，孟子認為外在成就（如帝王將相）各有其時代背景，但在人格修養方面，大家是站在同樣的基礎上，並且全靠各自努力才會有所成就。

舜的事蹟，可見《史記‧五帝本紀》：「舜耕歷山，歷山之人皆讓畔；漁雷澤，雷澤之人皆讓居；陶河濱，河濱器皆不苦窳……一年而所居成聚，二年成邑，三年成都。」舜的善行與別人分享，捨棄自己而追隨別人，樂於吸取別人的優點來自己行善，最後每一個人都佩服舜，因為舜的身上有自己的優點，同時還有很多別人的優點。

樂正子好善，喜歡做善的行為、喜歡聽善的言語，這個優點就勝過別的優點了。但是後來樂正子的表現，孟子就不是很滿意。有一次樂正子跟隨王子敖到了齊國。樂正子去見孟子。孟子說：「你也來看我嗎？」樂正子說：「先生為什麼說這樣的話呢？」孟子說：「你來了幾天了？」樂正子說：「昨天到的。」孟子說：「昨天，那麼我說這樣的話，不也是應該的嗎？」樂正子說：「因為住所沒有找好。」孟子說：「你聽人說過，要住所找好了才去求見長輩的嗎？」樂正子說：「我做錯了。」孟子對樂正子說：「你跟隨王子敖來到齊國，只是為了飲食而已。我沒想到你學習古人的理想，竟然是為了飲食。」（《孟子・離婁上》）樂正子當學生的時候很有理想，但是做官之後，孟子覺得他有時候還是遷就了很多官場的現實。

浩生不害問說：「樂正子是怎麼樣的人？」孟子說：「是個行善的人，是個真誠的人。」浩生不害說：「什麼叫善？什麼叫真？」孟子說：「值得喜愛的行為，叫作善；自己確實做到善，叫作真；完完全全做到善，叫作美；完完全全做到善，並且發出光輝照耀別人，叫作大；發出光輝並且產生感化群眾的力量，叫作聖；聖到人們無法理解的程度，叫作神。樂正子是在善與真二者之中，而在美、大、聖、神四者之下的人。」（《孟子・盡心下》）這是孟子的思想中，描寫人格修養最完整的六個境界。

可欲之謂善，有諸己之謂信

「可欲之謂善」，可欲是就「心」之可欲而言。心是向善的力量，因此人生第一階段最直接的成就即是「善」。「有諸己之謂信」，由於人性向善，所以唯有親自實踐善行，才可稱為真誠或真正的人。「充實之謂美」，「充實」是指在行善方面沒有任何欠缺，時時刻刻，念茲在茲。這種「美」顯然是人格之美，有圓滿之意。自身充實之後，德行會發出光輝照耀別人，稱為「大」。我們在翻譯「大人」時，採用「德行完備的人」之說法，其故在此。「聖人」可以化民成俗，亦即大而化之。至於「神」，既然是「不可知之」，孟子為什麼又憑什麼要去指出來？原因就是不可為人設限，同時也為「天人合德」的妙境保留了可能性。

孟子的思想，最關鍵的就在於用兩個角度來看待人的生命，一個是身體、一個是心。孟子對於身體的欲望，興趣真的不大，他只有舉例的時候才用到：「說到口味，天下人都期望嚐到易牙的手藝，可見天下人的口味是相似的。耳朵也是如此，說到聲音，天下人都期望聽到師曠的演奏，可見天下人的聽覺是相似的。眼睛也是如此，說到子都，天下人沒有不知道他俊美的；不知道子都俊美的，是沒有眼睛的人。所以說，口對於味道，有相同的嗜好；耳朵對於聲音，有相同的聽覺；眼睛對於容貌，有相同的美感。說到心，就偏偏沒有共同肯定的東西嗎？心所共同肯定的是什麼？是道理與義行。聖人最先覺悟了人心共同的肯定。所以，道理與義行使我的心覺得愉悅，正如牛羊豬狗的肉使我的口覺得愉悅一樣。」（《孟子・告子上》）

孟子說「可欲之謂善」，這句話的主詞是心，心覺得可欲的，就是善的行為。譬如，一個老太太過馬路，兩個年輕人交頭接耳一番後，就跑過去扶她，看到這種行為，會覺得歡喜，這就是「可欲之謂善」，因為它與我沒有利害關係。所有的行為，讓一個人自然而然感覺到「可欲」，就是可以被喜愛的，就是善的行為。

為什麼修養的六個境界，要把善放在第一位呢？儒家認為善只是一個出發點，我們強調人性向善，生下來就向善的話，善當然是出發點。善如果放在太高的位置，變成只有少數人做得到，那麼人性與善有什麼關係？這也是一個很好的證據。

第二步「有諸己之謂信」，第一步只是看到可欲的行為，也就是善的行為，接著是自己來實踐這個行為，這才是真正的人。我是一個真正的人嗎？很多時候，人會偽裝，扮演各種角色。如果我是一個真正的人，代表我實踐了人性向善的「善」，我才是一個合乎人性、具有人性，真正的一個人。「有諸己」，即有之於自己，叫作真。先說善，再說真，因為善是普遍的，心覺得好的就是善，進而能做到善，就表示自己是真正的人，無愧於任何人。孟子的學生樂正子的修養在善與真二者之中。

充實之謂美，充實而有光輝之謂大

一般講美的時候，很少人說「充實之謂美」的。古代造字以羊大為美，羊大了肉才好吃，大羊是美味。美與感覺有關，所以我們說「審美」。「美」在希臘文中，與「感覺」是同一個字根。這首音樂很美，如果沒有耳朵、沒有聽覺，怎麼知道它美？所有的美，不管是顏色、聲音，或是舞蹈、雕塑，都需要有感覺的能力，但什麼是「充實之謂美」呢？孟子講的是「人格之美」。

人格應該是善的，怎麼會用美來形容呢？其實美與善都是用以形容一種值得肯定的好東西。《論語・里仁》，子曰：「里仁為美。」居住的環境有仁德之風，那個地方就值得欣賞。「君子成人之美」中的「美」，指的當然是善，對儒家來說，美與善常常放在一起談。孔子講究人文之美，「文質彬彬，然後君子」（《論語・雍也》），人需要文化素養，需要表現人文教化的效果。然而戰國時代中期講文化、講人文太慢了，於是孟子講人格之美，直接說明個人可以怎麼做，叫作「充實之謂美」。我實踐了善，就代表我是真正的人，在任何時候、任何地方、任何情況，都做到善，我就充實了。儒家的擇善固執，需要考慮：內心感受要真誠、對方期許要溝通、社會規範要遵守。按照這個原則來做，都做得恰到好處，即是「充實之謂美」。

孔子就是「充實之謂美」、「無可無不可」、「聖之時者也」，在任何時候、任何地方都恰到好處。《中庸‧第十三章》，孔子說：「君子之道有四方面，我一件都沒有做到。要求兒子應該事奉父親，我沒有做到；要求臣屬應該事奉國君，我沒有做到；要求弟弟應該事奉兄長，我沒有做到；要求朋友應該先付出心血，我沒有做到。平常的德行就要實踐，平常的言語就要謹慎。德行有所不足，不敢不努力去做；言語還有多餘，不敢全部都說完。言語要照顧到行為，行為要配得上言語。君子怎麼會不篤實呢？」孔子為什麼偉大，就是他總認為自己不夠，他才會愈來愈好；能夠從這幾個方面來要求自己，生命當然充實圓滿。我們做的事情愈多，「掛一漏萬」、「捉襟見肘」、「左支右絀」，到最後總是很難圓滿，若想做到「充實之謂美」，只有一個辦法，縮小所面對的團體的範圍，不能自我約束的話，一定有照顧不到的地方。

第四步，「充實而有光輝之謂大」。一個人對任何事情都做得很圓滿，久而久之，人格就會散發出一種光輝。各大宗教的聖人畫像，頭上都有一個光圈，是自然而然就發光的。光輝代表不凡人格的表現，對別人具有啟發作用。舜孝順父母，他的行為傳出去以後，任何聽到的人都覺得出現光明，覺得人生應該如此，這就是光輝。「大」這個字，始終是讓人嚮往的，代表心胸開闊，能夠展現偉大的德行。

大而化之之謂聖，聖而不可知之之謂神

第五步，「大而化之之謂聖」。「化」代表化民成俗，感化百姓成就好的風俗。一個人有了光輝之後，只能照亮別人，是靜態的；「化」代表能夠有適當的位置讓其發揮，可以感動百姓。孟子也說：「夫君子所過者化，所存者神，上下與天地同流。」（《孟子・盡心上》）真正的君子，經過之處都

會感化百姓，心中所存則是神妙莫測，造化之功與天地一起運轉。「文化」出於《易經・賁卦》，「觀乎天文，以察時變，觀乎人文，以化成天下」，觀察自然界的文飾，可以探知季節的變化；觀察人間的文飾，可以教化成就天下的人。聖人的德行充實圓滿，不只能夠發出光輝，還能夠產生力量來改變百姓，使他們走向善途。

最後一步，「聖而不可知之之謂神」。孟子把最高境界說成是「神」，這裡的神當然不是名詞，而是一種神妙的境界。孟子認為人可以達成神妙的境界，但是「不可知之」，超越理性思維的能力。一方面在世界上看不到，另一方面，你看到了也不知道。這就是保留人類精神生命發展的最高境界，並且永無止境，「不可知之」，沒有達到之前，不知道是怎麼一回事；達到之後，發現永遠還有更高的層次可以發展。

佛教的最高境界是不可思議境界，也是無法用概念去設想的。人類的言語、文字都是針對相對的對象，去找到一個概念來表達。我們要描寫一個人的偉大，只能說他真偉大，但什麼是偉大？從正面說是說不清楚的。就如同西方人談到上帝時，不能說上帝「是」什麼，只能說上帝「不是」什麼。這在西方有一千多年的傳統，用否定的方式來說明肯定的最高境界。譬如：上帝不是高山、不是大海、不是太陽，這些都對，因為上帝確實不是高山、大海、太陽。但你還是不知道上帝是什麼，因為上帝本身是超越我們的相對世界、我們的概念、我們語言的範圍，不可說。《老子・第一章》也說：「道可道，非常道。」道家的「道」，就是不能用言語來說的，能夠用言語說明的「道」，不是永恆的道，而是相對的道。

談道家的形上學是非常抽象的，談儒家的倫理學則比較常見。我們從哲學的角度研究孔孟老莊，到底要提供什麼樣的觀點呢？一般來說，哲學通常參考西方，因為有一個完整架構，分為三個部分。第一個部分是知識論，要有邏輯訓練，邏輯是一種推理過程，如果不能加以運用，說話前後矛盾，很難得到合理的認識。譬如《論語・述而》中提到，孔子的學生說：「老師在這一天哭過，就不再唱歌了。」由這句話不能推論成「老師今天沒哭，他就一定唱歌」，只能說「老師今天唱歌，他一定沒哭」，這就是邏輯。只要有正常的理性，需要做推論的時候，就會使用邏輯。只是西方人把邏輯當作學科，專門加以訓練，而中國人是自然而然發展出來的，有時候需要做比較深刻的反省才能覺悟。

人講話有時候會比較誇張，子曰：「吾未見好德如好色者也。」（《論語・子罕》）孔子沒有見過喜歡美德像喜歡美色的人一樣，「未見」這兩個字，字面上解釋是沒有見過，但其實孔子是想加強語氣，畢竟顏淵應該是個例外，孔子如此強調，是希望大家知道他所關心的是什麼。學過邏輯，說話就會調整，不要說全稱的肯定或否定，最好加一些修飾語，大概、或許、差不多、好像、似乎、也可以。孔子說：「吾未見剛者。」（《論語・公冶長》）我沒有見過真正剛強的人，別人說申棖就很剛強，孔子說：「棖也欲，焉得剛？」這句話就變成「無欲則剛」。孔子沒有見過的人有五、六種，他講這些話代表他的關心，不要當作他在發表邏輯上的命題。

西方講知識論，先接受邏輯的訓練，接著要研究人的認識可以到什麼程度。譬如，什麼是回憶？回憶經過篩選作用，還能保存多少真實？我怎麼把握我所認識的，真是符合事物本身的樣子？中國哲學不太注意這些，只有以惠施、公孫龍為主的名家，專門研究這些。以公孫龍提出的「堅白石」觀點為例，一顆石頭，我只能看到白色，看不到堅硬；用手去摸一顆石頭，我只能摸到堅硬，摸不到白色。所以，我用手摸、用眼睛看，我怎麼知道它是石頭呢？看到的是白色，白色的不一定是石頭；摸到的是堅硬，堅硬的不一定是石頭，那石頭怎麼來的？聽他們辯論久了，不要說求知，反而變成無知了，思想都被阻礙了。

西方的知識論，是要人就生活經驗慢慢去提煉，提煉到最後再問，到底有沒有東西存在呢？畢竟萬物充滿變化。這時候你說有，就代表「形上學」出現了，「形上學」是在說明什麼是最後的真實。萬物充滿變化，什麼都靠不住，如果變化這麼快，怎麼知道所看到的是真的呢？但無論萬物怎麼變，一定有一個本體，不然是什麼東西在變呢？研究那個本體的學問，便是「形上學」。西方人特別推崇形上學，因為他們認為它所研究的才是根本的東西，有了形上學做基礎，才可以推展到倫理學上。

倫理學所關心的是個人與別人應該如何相處，要行善避惡，那什麼叫善惡？有什麼原則？以中國哲學來說，儒家比較偏重倫理學，總是期望人成為君子、成為聖人；道家比較偏重形上學，總是在描述什麼是道，要培養某種覺悟的能力。中國哲學很少有重視知識論的，西方哲學很少有不重視知識論的，這就是中西哲學明顯的差異。

其實儒家也有「形上學」，就是問什麼是最後的本體，到底宇宙萬物的這些變化，有沒有最後的基礎，可以作為來源也作為歸宿的呢？孔子的答案就是天。天與人又有什麼關係呢？孔子「五十而知天命」，了解天命之後，就知道該怎麼做了。以倫理學的立場來說，就是要「知其不可而為之」、「殺身成仁」，然而倫理學是要讓人活下去，它可以要求你，要你行善避惡，但是再怎麼樣也不至於要你為了行善而犧牲，除非你能告訴我，後面那個本體是什麼？孔子認為，犧牲不是犧牲，反而是完成。這是因為後面有天，所以犧牲自己，是完成天命的要求。儒家不講天人合一，而是追求天人合德。德是行善的結果，如果要符合天命，就要把握人性向善，努力行善，最後成就完美的德行。

我成就完美的德行，就與天要求我的一樣，等於我完成了這一生應該做的事，可以死而無憾、死而無愧。

孟子能不能掌握這一部分呢？「聖而不可知之之謂神」這句話就是證據。換句話說，一定是有這樣的境界，只是人無法了解它；如果沒有這樣的境界，何必說這句話呢？所以「不可知之」包括無窮的境界、無窮的層次，但都超過言語所能表達的、思考所能掌握的範圍，這句話就把儒家的形上學展現出來了。儒家的形上學主要是「天」的概念，一般人所了解的天，與孔、孟的天大有距離。

古代帝王稱為「天子」，代表他是天的兒子，要按照天的命令來生活、行事。商朝變成周朝，因為天命改了，每一個王朝建立的時候，都宣稱是獲得天命，這表示背後有一種信仰。但是孔子說「五十而知天命」，從此以後，每一個人都可以有天命，這是孔子對中國人最大的貢獻，不過這一點常常被忽略，因為大家都不太了解什麼是「天命」。國學大師錢穆有一次在軍中對著很多小兵演講，他說：「你是一個小兵，在站崗的時候，全神貫注、全力以赴，站得非常好。連上將來，都不能站得比你好，那你就是小兵的聖人，就是聖人的小兵。」他強調只要能把一個工作做得盡善盡美，就是這個工作中的聖人。要努力把每一件自己該做的事情做得盡善盡美，因為人生不能重來，如果這一次沒做好，就慢慢改善，希望下次可以做好。如果已經做得盡善盡美，做別的事情也盡善盡美，漸漸就會成為全方位的聖人，也就有可能成為真正的聖人。

錢穆先生的比喻很有道理，常常有人問：「我們平凡老百姓，怎麼會有天命呢？」依儒家的看法，每一個人都有天命，就是按照個人的特定情況賦予任務，我們就設法把每一件該做的事做好。孔子五十而知天命，就出來做官了；五年之後，別人不再支持他，他便開始周遊列國。於是孔子六十而順天命，到七十歲從心所欲不逾矩。以我為例，我當一個老師把書教好，就已經奉行我的天命了。但是，離開教書的崗位，我又是一個平凡人，我是很多人的朋友，我有自己的家庭。每一個人在各方面都有與人相處的互動關係，把天命盡好，是一個無窮的責任、無限的使命。

一個人如何把自己全方位的人際關係做得盡善盡美呢？其實一輩子也做

不到，所以孔子才會說「聖人，吾不得而見之矣」，「善人，吾不得而見之矣」，理由就在這裡。重要的不是有沒有做到，而是要持續努力成為君子，證明你沒有停下來。

西方學者認為孟子的「不可知之之謂神」，與密契主義（Mysticism）的觀念有些類似，就是一種合一狀態。只要體會到自身同宇宙萬物合而為一，就稱作密契經驗。西方在這方面的研究很多，他們稱作密契主義的傳統。孟子說：「夫君子所過者化，所存者神，上下與天地同流。」（《孟子・盡心上》）化就是化成一個整體，能夠與上下、與天地同流，當然是合一境界。君子經過任何地方都會感化百姓，其內心保存的是「神」這樣的境界，也就是「聖而不可知之之謂神」。「上下與天地同流」又提醒我們浩然之氣「其為氣也，至大至剛，以直養而無害，則塞於天地之間。」天地代表宇宙萬物，能夠上下與天地同流，能夠充塞於天地之間，在西方學者看來，就是一種密契經驗，表示進入一種合一的境界。

再說，什麼是密契呢？有一個少尉愛喝酒，長官告訴他，只要不喝酒就能升上尉。這個軍官想了想之後說：「我還是喝酒吧！因為喝完酒之後，我變成上將了。」有些人喝醉了，還覺得自己變成上帝了，因為喝醉酒的效果，就是把自我的界限給消除了。人的痛苦源於自我的界限，這是我的、那是你的，別人有的永遠比我還多，我一個人所有的，怎麼同天下人比呢？有了自我之後，會變得很狹隘，也很難感到快樂。喝醉酒之後，自我不見了，你的就是我的，我的還是我的，天下萬物都是我的，在任何地方都覺得快樂。我有一個朋友喝醉酒，倒在臭水溝旁邊，別人勸他說這邊太臭太髒，他卻說這是席夢思床。

舉這些例子，是要說明什麼是密契經驗，宗教常談到密契經驗，這也是一種化解自我之後，整體合一的感受，感覺生命當下就可以安頓。但是宗教的密契經驗，和喝醉酒、吸食迷幻藥毒品不一樣。喝醉酒或者吸食毒品，是從生活裡面突然斷裂，讓人進入一種愉快的感受，但是這種斷裂無法與生活相連接，以致於經常需要喝酒，進而演變成酗酒。宗教的密契經驗有脈絡可循，可以透過閱讀經典、虔誠禱告，進入密契經驗。再回到生活之後，發現能量得到充實，也能感覺到生命更加圓滿。宗教的密契經驗是好的，讓人回到現實世界時，充滿無限的愛心。

儒家思想是不是也有這種力量呢？我們可以參考西方的分析。孟子說「所過者化，所存者神，上下與天地同流」、「聖而不可知之之謂神」，從西方的解讀來看，會覺得孟子怎麼那麼有勁？如果是一般人，早就放棄了。國君不聽話就不理他，再教也沒用。但孟子還是繼續講，講到不能再講了，只好離開；離開前還等了等，看國君會不會來挽留他，要是國君再不來，才浩然有歸志，如同洪水沖下來一樣，不再等了。

孟子怎麼會有這麼大的力量呢？雖然他不參與政治，但是他辦教育也不容易，這麼多學生要慢慢地教，動力從何而來？如果沒有能量的來源，動力很容易枯竭。如果研習孟子，只發現他與國君們的對話，層次是不夠的，還要能掌握住孟子人格修養的六種境界。

第三講：孟子的貢獻

二〇〇七年八月八日，我第一次到山東曲阜，參觀了三孔：孔廟、孔府、孔林。孔林是孔子與後代子孫的墳墓區。我在孔子墓前，忍不住跪下來表示尊敬，因為他的思想對我們人類太重要了，對中國人的貢獻太大了。旁邊有一間小屋子，碑上面寫著「子貢廬墓處」，子貢在這兒為孔子守喪，我特地在碑前拍了一張照片。其實我對孔子的尊敬和對子貢的感受，都是受到孟子的影響。

《孟子‧滕文公上》，孟子勸陳相不要追隨農家，而要堅持儒家的立場時，他說：「只聽說有從幽暗山谷飛出來，遷移到高大的樹上的，沒有聽說從高大樹木飛下來，遷移到幽暗山谷中的。」孟子舉孔子師生互動為例，說明儒家是光明大道，這段資料非常珍貴。

孟子說：「從前，孔子逝世，弟子守喪三年（二十五個月）之後，收拾行李準備回家，走進子貢住處作揖告別，相對痛哭，大家都泣不成聲，然後才離去。子貢又回到墓地重新築屋，獨居三年，然後才回家。一段時日之後，子夏、子張、子游認為有若的言行舉止很像孔子，想用事奉孔子的禮節去事奉他，並且勉強曾子同意。曾子說：『不行。經過江水、漢水洗滌過，盛夏的太陽曝曬過，潔白明亮無以復加了！』」

孟子的言下之意是，如果他生在當時，也會為孔子守喪。他到處打聽有關孔子的事蹟，並且記錄下來。孔子是一個平凡人，為什麼能讓學生們對他產生如此深刻的情感呢？孟子將儒家學說和孔子與學生們人格的表現、具體的作為都了解透澈之後，發展出他自己的思想。

究竟孟子對我們有何特別的貢獻呢？

辨明儒家的人性論與境界論

孔子對人性有深刻的了解，他說「性相近也，習相遠也」（《論語・陽貨》），這兩句話被宋朝的程頤與朱熹批評，他們認為應該說性相同，因為他們對人性的看法是「人性本善」。然而孔、孟從未說過人性本善，而是認為「人性向善」，「向」代表力量，有力量就有強弱之分，所以是「性相近」。

孟子說：「無惻隱之心，非人也；無羞惡之心，非人也；無辭讓之心，非人也；無是非之心，非人也。」（《孟子・公孫丑上》）此話一出，人人都害怕自己不是人了。「無惻隱之心，非人也」，一個人如果沒有憐憫心，就不是人，言下之意就是，如果對天下任何一個人還存有一點同情心，就不在這個範圍內。如果有人發生災難，無論親疏遠近，都會讓你產生憐憫之心，可是這世界哪一天沒有災難呢？有同情心的人，豈不是天天在哭？孟子的意思是，如果這個世界上，沒有任何人的災難會讓你產生憐憫同情心，你就真的不是人了。如果你被孟子說成不是人因此而生氣，表示你還有羞惡之心。

孔子對於人性，只用八個字來說明，「性相近也，習相遠也」，孟子則是連篇累牘地發揮與分析，「憐憫心是仁德的開端，羞恥心是義行的開端，謙讓心是守禮的開端，是非心是明智的開端。人有這四種開端，就像擁有四肢一樣。有這四種開端卻說自己不能行善，是傷害自己的人；說君主不能行善，是傷害君主的人。所有具備這四種開端的人，如果知道要去擴大充實它們，就會像柴火剛剛燃燒，泉水剛剛湧出。假使能擴充它們，足以保住天下；假使不能擴充它們，連事奉父母都做不到。」善在於行為，孟子說明從心的四端開始，把人性的力量表現出來，實現仁義禮智。重點是「善在於行為」，四端就是我的四肢，有手腳不做好事，手腳有什麼用呢？孟子講的人性，是一種動態、一種力量的情況。

我年輕的時候念到朱熹的注解，發現他是利用孔、孟來注解自己的思想。朱熹是哲學家，哲學家容易在談別人的思想時，經過某種選擇考慮，變成講自己的思想。我在學習哲學的過程中，常常提醒自己不要犯了這樣的毛病。《論語・學而》第一句話「學而時習之，不亦說乎」，孔子只說學習之後，在適當的時候實踐，這樣就會覺得開心。朱熹在注解時偏偏要說「人性皆善，而覺有先後」，這句話顯然是多出來的。孔子說什麼才是重要的，所以我們學習時，要直接從原典來思考，做合理的解釋，這樣才對得起孔、孟。

孟子的人性論，用現代的語言來表達，只能勉強解釋為人性向善。有人問我，這個「向」怎麼來的？孟子其實沒說。但他常說水向下流，用心思考的話，這是他運用比喻，是一種動態的觀點。很多人講到人性向善就緊張，只有向善，而沒有本善，那我該怎麼辦呢？其實不用擔心，真不真誠是關鍵，若是不真誠，也無所謂怎麼辦，一旦真誠，向善的力量出現，就不必憂心了。

肯定人格的平等與仁政理想

孟子提出人格修養的六個境界：善、信、美、大、聖、神。這也是對儒家的貢獻。

「可欲之謂善」，這句話的主詞是人的心，而不是人的身。孟子說過「理義之悅我心」（《孟子・告子上》），可見人心覺得可欲的即是理與義，可通稱為「善」。一個人的行為，如孝、悌、忠、信，使心覺得值得欲求，即可稱為「善」。但是，這種行為是否出於別人的要求呢？「有諸己之謂信」，善行不是出於別人的要求，而是由真誠引發內在的力量，自主去完成的，這樣才可算是「信」，信是真實之意。「充實之謂美」，由真實到充實，是說在「一切」人我相處之事上，都能做到善，由此彰顯人格之美。「充實而有光輝之謂大」，表示其彰顯人格之美，已煥發出光輝，足以照亮四周的人。這樣才可稱為「大」。孟子口中的「大人」常指德行完備的人，即是此意。「大而化之之謂聖」，不僅發出光輝，還能進而產生感化人們的力量，造成化民成俗的效果，這樣的人即可稱為聖人了。孟子所謂的「聖之清者，聖之和者，聖之任者，聖之時者」（《孟子・萬章下》），皆有類似的表現。「聖而不可知之之謂神」，在聖之上還有「不可知之」的境界，表示人性的潛能是無法限制與難以想像的。古人以為「人是萬物之靈」，孟子這句話是對「靈」字的最高禮讚。儒家肯定人可以做到「止於至善」，只是無從描述罷了。

研究孟子思想，有人喜歡強調他的三辨之學：第一，人禽之辨，人與禽獸的差別；第二，義利之辨，道義與利益的分辨；第三，王霸之辨，王道與霸道的分別。我們可以試著說明。

第一，人禽之辨，人與禽獸的分辨。孟子說：「人之所以異於禽獸者幾希，庶民去之，君子存之。舜明於庶物，察於人倫，由仁義行，非行仁義也。」（《孟子‧離婁下》）人與禽獸不同的地方，只有很少一點點，一般人丟棄了它，君子保存了它。舜了解事物的常態，明辨人倫的道理，因此順著仁與義的要求行動，而不是刻意實踐仁與義。人與禽獸的差別只有「幾希」，君子與庶民的差別在於前者「存之」而後者「去之」，問題是，庶民一旦去之，還有恢復的希望嗎？如果沒有希望，庶民如何異於禽獸？教育又如何進行？如果有希望恢復，那麼所謂的「去之」，所去的就不是一個固定的稱為「善」的人性了。換言之，人性可以去也可以存，顯然它是一種動態的力量，亦即人只要活著，並且給自己機會，這個力量又會開始運作。試問，這樣的人性是本善還是向善？只有「向善」一詞才可說明人性的力量狀態。舜「由仁義行」，正是因為體察了人性內在的力量，由內而發去行善。一個人只要真誠，就會體認仁義是源於內心的，行善就不必刻意也毫無勉強。

孟子說：「牛山的樹木曾經很茂盛，由於它鄰近都城郊外，常有人用刀斧砍伐，還能保持茂盛嗎？當然，它日夜在生長著，雨水露珠在滋潤著，不是沒有嫩芽新枝發出來，但緊跟著就放羊牧牛，最後就成為現在光禿禿的樣子了。人們看見那光禿禿的樣子，就以為它不曾長過成材的大樹，這難道是山的本性嗎？就說在人的身上，難道會沒有嚮往仁德與義行的心思嗎？有些人之所以喪失良心，就像刀斧對付樹木一樣，天天去砍伐它，還能保持茂盛嗎？經過日夜的生長，出現了天剛亮時的清明之氣，他的好惡與一般人相近的也有了一點點，可是他在白天的所作所為又將它壓制消滅了。反覆地予以壓制，他在夜裡滋生的氣息就無法保存；夜裡滋生的氣息無法保存，他就距離禽獸不遠了。人們見他像個禽獸就以為他不曾具有人的資質。這難道是人的真實狀態嗎？因此，如果得到滋養，沒有東西不生長；如果失去滋養，沒有東西不消亡。孔子說：『抓住它，就存在；放開它，就消失；出去進來沒有定時，沒人知道它的走向。』大概說的就是人心吧？」（《孟子・告子上》）儒家強調教育，是因為人性只是向善，還不懂得怎麼擇善，也不懂得具體的善應該有什麼內容。

第二，義利之辨。孔子說「見得思義」（《論語・季氏》），他的學生說「見利思義」（《論語・子張》），總之，就是不要見利忘義。一位日本學者寫了《論語與算盤》一書，很受歡迎。論語代表道義，算盤代表利益，只要以正當手段賺錢，那是天經地義，一方面社會上有正當的風氣了；另一方面賺了錢之後，可以用它來行善，大的企業照顧很多員工，這是社會責任，也是好事。看到利益，就要問該不該得、正當性夠不夠，只要守法，只要重禮，誰曰不宜？

在談到義與利的分辨時，孟子的重點放在為了義可以犧牲利，因為義是自我的要求，由內而發的；利是外在的收穫，可多可少。生活經驗豐富之後，會發現外在的一切都在變化之中，得到多少是相對的，從外而來的，也可以在外面失去；但是由內而發的，必須自己面對、負責，所以孟子的義利分辨，加上前面的人禽之辨，他的基本路線就清楚了。

第三，王霸之辨。王與霸的分辨，代表社會與國家的發展，如果推行仁政，就是王道；如果追求武力，像當時的富國強兵，各國之間的互相征戰，就只能算是霸道。《孟子・滕文公下》，景春說：「公孫衍、張儀難道不是真正的大丈夫嗎？他們一發怒，諸侯就害怕，他們安居家中，天下就太平無事。」孟子說：「這怎能算是大丈夫呢？你沒有學過禮嗎？男子舉行加冠禮時，父親教誨他；女子出嫁時，母親教誨她，送她到門口，告誡她說：『到了夫家，一定要恭敬，一定要謹慎，不要違背丈夫！』把順從當作正途，是婦女遵循的原則啊。居住於天下最寬廣的住宅，站立於天下最正確的位置，行走於天下最開闊的道路；能實現志向，就同百姓一起走上正道；不能實現志向，就獨自走在正道上。富貴不能讓他耽溺，貧賤不能讓他變節，威武不能讓他屈服，這樣才叫作大丈夫。」

景春、公孫衍、張儀都是當時的縱橫家，講究「合縱連橫」，以優異的口才與說詞，使各國或和或戰。在此未提及蘇秦，可能因為他已經過世了。孟子認為他們是「以順為正」，投機取巧、買空賣空，與諸侯周旋而毫無原則，只求個人利益，實在不配稱為「大丈夫」。「丈夫」本是成年男子（二十歲要行冠禮）的通稱，前面加一個「大」字，則有高人一等、偉大不凡的意味。孟子認為這個「大」字，不由權力、地位、財富、名望來決定，而是取決於志向、操守、修養，因而也是人人可以做到的。能行仁，必得人心嚮往，無處不可居；能守禮，進退從容有節，無處不可立；能行義，浩然之氣充滿，處處是大道。無論得志與否，皆不背離這些原則，至於富貴、貧賤、威武，則可作為試金石。人的價值，起於主體的道德自覺，中間經過層層考驗，目標則是兼善天下。

孟子當然強調王道，霸道不在他的眼中，他甚至看不起管仲，因為管仲讓齊桓公成為春秋五霸的第一霸。孟子希望能實現王道，恢復三代之仁政的理想。「仁政必自經界始」（《孟子．滕文公上》），把經濟做好，再發展教育。這種王霸之辨，也是很好的政治理想。

孟子肯定人格平等，孔子已經發其端了。孔子做官的時候，下朝回家，聽到家裡馬廄失火了，就問有人受傷嗎？他沒有詢問馬的損失。馬代表財物，財物可多可少，但是人命關天。今天講人命關天，那是因為大家都重視人權。古代從春秋到戰國時代，戰爭非常殘酷，一打仗就死傷慘重，如秦國打敗趙國，坑殺趙卒七十萬人。後來經過研究考證沒有那麼多，但至少也有十七萬人。孟子說，像孔子、伯夷這些人，他們如果當上天子的話，「行一不義，殺一不辜，而得天下，皆不為也。」（孟子．公孫丑上》）這十六個字是古今中外政治的最高理想。做一件不該做的事、殺一個無辜的人，因此而得到天下，他們都不屑於做，如果生活在這些人的統治之下，他們這麼尊重每一個人的生命，百姓一定會覺得幸福。所以孟子說：「民為貴，社稷次之，君為輕。」（《孟子．盡心下》）百姓是最重要的，土穀之神位居其次，國君的分量最輕。後代的專制帝王當然不喜歡聽這種話。

齊宣王問孟子說：「商湯放逐夏桀，周武王討伐商紂，有這些事嗎？」孟子回答說：「史籍上有這樣的記載。」齊宣王說：「臣子殺害他的國君，這是可以做的嗎？」孟子說：「破壞仁德的人稱作賊害，破壞義行的人稱作殘酷；

殘酷賊害的人稱作獨夫。我只聽說殺了獨夫商紂，沒有聽說殺了國君啊。」（《孟子‧梁惠王下》）齊宣王的祖先就是篡了位才上臺的。說到齊國的發展也很有意思，齊國本來是姜太公的子孫，傳了二十四代，被田氏篡位了，國號還是叫齊國。國君是為人民而存在的，國君不好，自然會被換掉，這種話具有劃時代的意義，不只局限於戰國時代，如此每一個百姓都可以受到尊重。

孟子到了平陸，對當地的大夫孔距心說：「如果你的衛士一天三次失職，你會開除他嗎？」孔距心說：「不必等到三次。」孟子說：「那麼你失職的地方也夠多了。遇到災荒年頭，你的百姓，年老體弱的餓死在田溝山溪裡，年輕力壯的逃散到四方去，大概有一千人了。」孔距心說：「這不是我能夠解決的。」

孟子說：「假使有個人接受別人的牛羊而替他放牧，那麼這個人一定要為牛羊找到牧場與草料。如果找不到牧場與草料，那麼他是把牛羊還給主人呢？還是站在那兒看著牛羊餓死？」孔距心說：「這是我的罪過啊。」過了幾天，孟子謁見齊宣王說：「大王的地方長官，我認識五位。明白自己罪過的，只有孔距心。」接著把那番問答敘述一遍。齊宣王說：「這是我的罪過啊。」（《孟子．公孫丑下》）在其位就要謀其政，否則另請高明。孔距心與齊宣王在孟子的開導下，都能有所警覺。孟子使用比喻的功力，令人佩服。

教育理論值得參考

孟子值得後人學習的，還有他的教育理論，孟子說：「君子有五種教育方法：有像及時雨那樣潤澤點化的，有成全品德的，有培養才幹的，有解答疑問的，有靠品德學問使別人私下受到教誨的。這五種就是君子施行教育的方法。」（《孟子．盡心上》）對於長期跟在身邊的學生，可以因時、因地、因事而隨機指點，助其轉化提升。接著所說的三種是「成德、達財（才）、答問」，分別針對品德、才幹、見識來指導，這是為了考量學生的不同需求。至於「私淑艾者」的字面意義是「私拾取者」，意即老師的嘉言懿行廣為流傳之後，有些人沒有親自受教的機會，也可以私下認真學習。

孟子說：「教育的方法很多，我對一個人不屑於去教導，就已經是教導他了。」（《孟子‧告子下》）《論語‧陽貨》有一段資料：「孺悲欲見孔子，孔子辭以疾。將命者出戶，取瑟而歌，使之聞之。」孺悲想要拜訪孔子，孔子託言有病，拒絕見他。傳命的人一走出房間，孔子就取出瑟來邊彈邊唱，讓孺悲可以聽到。「不教之教」也可以使受教者覺悟自己的過失。

孟子只有一種人不教，就是自暴自棄的人。自暴自棄與念書、考試關係不大，卻同行善有關。人性向善，若是認為自己不可能行仁、行義，不可能做個好人，這是最可惜的。要是放棄了行善的力量和可能性，對自己一定會不滿意，會覺得自己活著又不行義、又不行仁，那要做什麼呢？一個人光是吃飯、睡覺過日子就可以了嗎？那對生命是一種可怕的浪費。雖然不至於讓自己淪落到這樣的地步，但人通常都會用很多外在的熱鬧活動，來分散自己的注意。

孟子提到一個人，這個人是齊國的大官，受到齊宣王的寵幸，叫王驩。孟子在齊國擔任客卿，奉命前往滕國弔喪。當時滕國正為文公辦喪事，而孟子與他原為舊識。大王派蓋邑大夫王驩為副使同行。王驩與孟子朝夕相見，來回於齊國與滕國的路途上，孟子卻不曾與他談過出使的事。公孫丑說：「齊國卿的官位不算小了；齊國與滕國之間的路途不算近了。來回一趟卻不曾與王驩談過出使的事，為什麼呢？」孟子說：「他既然事情都辦好了，我還說什麼呢？」（《孟子‧公孫丑下》）孟子是客卿，王驩雖然擔任副使，卻是齊國的權臣，行事專擅，所以孟子與他保持距離。

還有一次，齊國大夫公行子為兒子辦理喪事，右師（王驩，王子敖）前去弔唁，他一進門，就有人上前同他說話；他坐定了，又有人走近座位同他說話。孟子不同他說話，他不高興地說：「大夫們都來同我說話，只有孟子不同我說話，這是怠慢我啊。」孟子聽到這話，就說：「按禮制的規定，在朝廷上不能越過位置相互交談，不能越過臺階相互作揖。我想遵行禮制，子敖卻認為我怠慢了他，不也奇怪嗎？」（《孟子‧離婁下》）孟子對他並無好感，但仍依禮行事。禮制所說的是「朝廷」，而喪禮是民間的正式禮儀，並且前往弔喪的多是朝廷官員，所以孟子就取法乎上了。孟子對王驩的態度，合乎《易經‧

遯卦・象傳》所說：「君子以遠小人，不惡而嚴。」要疏遠小人，不去憎惡他們，但要嚴肅以對。

人一旦有了官位、有了財富，在一個範圍之內呼風喚雨，就覺得人生好像於願足矣，已經覺得很愉快了。如果再深入思考，人的生命能夠只局限在這些地方嗎？我們為什麼要學儒家？我們認真了解孔子、孟子的思想之後，就會發現，人具有一種內在的價值，只有掌握住人格的尊嚴，才能顯示人作為萬物之靈重要的特色，進而發揮出來，才覺得做人真是有意思，這一生才值得。否則做人很辛苦，從小念書那麼累，與那麼多人來往，各方面都要競爭，這一生到底所為何來呢？在儒家看來，能把握到人性的基礎，就沒有問題了。

可惜的是，在孟子以後，儒家由荀子來推廣，然而荀子卻教出兩個法家的學者，導致孔、孟思想並沒有得到真正的發展。漢朝幾百年，很少有人談孟子。到了唐朝，有人研究原先編在《禮記》裡面的《中庸》和《大學》。到了南宋朱熹，就為《大學》與《中庸》重新分章斷句，也作一些注解，然後再與《論語》、《孟子》的集注合在一起，變成《四書章句集注》。元朝以後，把這四書當作教科書，要求所有讀書人都要熟讀，變成考試必備版本。參加科舉考試，必須熟讀這一本「四書」。朱熹的思想，也透過四書的注解流傳下來了。參加科舉是讀書人的框框，「十年寒窗無人問，一舉成名天下知」，但是這種書用來應付考試，背久了會變成教條，年輕人學得很快，也很熟悉其內容，卻沒有時間加以實踐，更不要說想通它的道理了。老實說，古代的讀書人挺委屈的。

但我們也無法加以苛責，畢竟現代社會比較自由、開放，每個人都可以進行全方位的思考，尤其我們有機會學到西方的哲學，可以透過邏輯的訓練，比較容易掌握到思想的系統，這不是古人可以做到的。從宋朝一路下來，尤其是明朝，對讀書人的控制特別嚴密，簡直到了不可思議的地步。官員上朝，要是提出的建言皇帝不滿意，馬上就有宦官把官員壓倒在地，在朝廷上用杖子打，這樣的責罰叫廷杖。詭異的是，有些官員愈是被打，回鄉之後愈受到尊重，大家都認為是好官才會挨打。有一個人，受廷杖後無法行走，被抬了回家，連坐都不能坐，就把那些被打爛的肉，割下來做成臘肉以示紀念，得到全鄉的尊重。讀書人若是走到這個地步，完全不能匡正朝廷，反而在夾縫中求生存，是很可悲的。至於到了清朝，情況也沒有改善。

我們今天學習孔、孟的思想，要排除兩千多年帝王專制的複雜背景，就原典來思考其中普遍的觀點，看它能否超越時間空間的限制，對人類發出永恆的呼喚，呼喚我們的心回到最原始最純粹的情況，領悟「人性向善，擇善固執，止於至善」，讓我們這一生可以按照儒家思想的引導，過得充實而完美。

文化文創 BCC013A

傅佩榮・經典講座

孟子：浩然正氣與成功人生

作者 — 傅佩榮

總編輯 — 吳佩穎
責任編輯 — 陳怡琳
特約編輯 — 李承芳、魏秋綢
封面設計 — 斐類設計

出版者 — 遠見天下文化出版股份有限公司
創辦人 — 高希均、王力行
遠見・天下文化 事業群榮譽董事長 — 高希均
遠見・天下文化 事業群董事長 — 王力行
天下文化社長 — 王力行
天下文化總經理 — 鄧瑋羚
國際事務開發部兼版權中心總監 — 潘欣
法律顧問 — 理律法律事務所陳長文律師
著作權顧問 — 魏啓翔律師
地址 — 台北市 104 松江路 93 巷 1 號 2 樓

讀者服務專線 — 02-2662-0012 ｜ 傳眞 — 02-2662-0007, 02-2662-0009
電子郵件信箱 — cwpc@cwgv.com.tw
直接郵撥帳號 — 1326703-6 號　遠見天下文化出版股份有限公司

製版廠 — 東豪印刷事業有限公司
印刷廠 — 祥峰印刷事業有限公司
裝訂廠 — 聿成裝訂股份有限公司
登記證 — 局版台業字第 2517 號
總經銷 — 大和書報圖書股份有限公司 電話 / (02)8990-2588
出版日期 — 2014/12/29 第一版第 1 次印行
2024/03/12 第二版第 3 次印行

國家圖書館出版品預行編目 (CIP) 資料

傅佩榮・經典講座：孟子：浩然正氣與成功人生 / 傅佩榮著 . -- 初版 . -- 臺北市：遠見天下文化，2014.12
面； 公分 . --（文化文創；CC013）
ISBN 978-986-320-632-3（平裝）

1. 孟子　2. 研究考訂

121.262　　103025491

定價 — NT$350
ISBN — 4713510945797
書號 — BCC013A
天下文化官網 — bookzone.cwgv.com.tw